給料で社員は口説けない！

モテる会社の人事のしくみ

高山 正［著］
TADASHI TAKAYAMA

税務経理協会

はじめに

私たちは単純に、給料さえ支払えば社員はやる気になり、逆に命令に従わない社員には、罰を与えればいいと考えがちです。一般的な人事や給料制度も、どうインセンティブとなる給料を効果的に社員に支払い生産性を高めるか、または叱ったり褒めたりして社員のパフォーマンスをいかに引き出すか、そんなことが議論にあげられます。そのための制度づくりが、人事の仕事ともいえるものでした。

しかし社員は、お金やご褒美のアメのためだけに動くわけではありません。ましてやムチを打たれながら嫌々働くものでもありません。

ではどうすればいいのでしょう。そのための制度づくりは、何となくは分かっていても具体的に言葉で説明することは簡単ではありません。下手に「お金だけじゃ社員はやる気になりませんよ」などと言えば、露骨に不機嫌な顔をする経営者の方もいらっしゃいます。

しかし職場に活気があり、会社と社員が良好な関係を築いている会社には、給料というお金以上の関係があります。ちょうど恋人同士の関係と似ています。

恋人に経済力があり、ルックスも良く、欲しいものなら何でも買ってくれるとしても、その理由だけをもって相手を心から好きになれるでしょうか?逆にお金だけの割り切った愛人関係だったとしたら、お金以上に相手に対して尽くそうとはしないでしょう。もしもお金が支払われなくなってしまえば、残念ながらそこで縁も切れてしまいます。けれども本当に愛し合っている恋人同士であれば、たとえ相手が突然お金に困窮してしまったとしても、もしくは病気で動けなくなってしまったとしても、恋人を見捨てるようなことはしません。

会社も同じです。社員から好かれ、彼らの力を十分に引き出せている組織は、給料で社員を口説くようなことはしません。モテる会社には、給料以外の〝しくみ〟があるのです。

さらにいえば、給料を支払ったばかりに、かえってやる気を削ぐことさえあります。それは、言い方をかえれば「給料を支払わない方がやる気が出る」ということです。「何をバカなことを言っているんだ、なぜ給料を支払ってやる気がなくなるんだ」そう思われた方もいらっしゃると思います。

ですので、本書の内容は、一般的に出回っている人事制度の本と一線を画します。しかし、テーマはあくまで「人事」です。その中でも最も高い関心事となる給料評価制度について多くのページを割きました。給料はどう決定すべきであり、どう支払うべきなのか。また評価は何のために行うのか、なぜ一般的にうまく機能しないのか。様々な人事に関する実験結果や多くの学者の知見を拝借しながらも、それを日本企業の人事制度にあてはめ、できるだけ理論的に、かつ科学的な視点から解説しました。

これから自社の給料制度や人事制度を見直そうと思っている方や、新たに人事制度を導入しようと検討している方が、最初にその基本的考え方を学ぶのに最適な一冊です。

本書は、今までの給料制度や人事評価とは真逆の手法が書かれている点もあるため、なかには本書の内容に反対の意見を持つ方もいらっしゃると思います。それはある意味、私が望んだことでもあります。もし疑問に思ったり、納得できない箇所がありましたら、ぜひ周りの方とそのテーマについて議論していただけたらと思います。

さあ、新しい人事の仕組みについて一緒にみていきましょう。

平成二十九年六月一日

高山　正

目次

第五章　人事制度は仕事の意義からつくる……109

書籍コーディネート　インプルーブ　小山睦男

給料で社員は口説けない！

モテる会社の人事のしくみ

第一章　給料で社員を動かせない時代がやってきた

■人工知能が人事制度を変える

英オックスフォード大学で人工知能を研究しているマイケル・A・オズボーン准教授は、今後10年から20年程度で、コンピュータの進化によりアメリカの総雇用者の約47％の仕事が自動化されると予想しています。

これまで、ロボットやコンピュータに取って代わられる仕事といえば、手作業で行っていたことを機械化したり、決められた計算をコンピュータが代わりに行ったり、ルーティン（定型的）で単純な作業だと思われていました。ものごとを認知したり、それについて調べ、また調査したりするのは人間の領域とされていました。

しかし人工知能の進歩、ビックデータの活用などにより、専門性の高い職業でさえも消えてなくなるかもしれないといわれています。例えば法律の分野でも、裁判前のリサーチのために数千件の弁論趣意書や判例を精査するコンピュータがすでに活用されており、何十万件という文書を分析して分類することができるようになっています。その結果、弁護士アシスタントや契約書の作成といった仕事は、すでに高度なコンピュータによって行われるようになっているというのです。

人工知能やビックデータに詳しくない私には、いまいちピンとこないところがあるのですが、事実、某大手コンサルティングファームの調査によれば、すでにアメリカでは新たにつくられる仕事のうち、ルーティンワークはおよそ3割程度に過ぎず、残りの7割は創造的な仕事が占めているそうです。単純で定型的な仕事はもちろん、ある程度複雑な作業も人工知能やロボットが行い、人間には、それ以上のよりクリエイティブな仕事が求められる時代がいよいよ近づいているといえます。産業革命時代、蒸気機関の発明によりそれまでの職業が奪われ、人々の働き方を一変させてしまったように、今まさに革命が起きようとしているのです。

■アメとムチの労務管理

では、一体このことがどう労務管理に影響をあたえるのでしょう。それは昔からあるような、良い成果には高い報酬を与え、そうでない場合には罰を与えるという「アメとムチ」による労務管理が通用しなくなることを意味します。それはどういったことなのか、まず初めに、古典的な労務管理の手法からみてみましょう。

工場の経営者は作業員に報酬というアメをちらつかせ、やる気を起こさせようとします。「生産性が10％向上したら臨時のボーナスを支給するぞ！」社長は大盤振る舞いを約束します。作業員たちは喜び奮起します。高い給料を支払えば作業員は一生懸命働くはずだと社長は考えています。

ところがそのうち、ノロマな作業員が現れました。すると今度は、ノロマな作業員に対して減給という罰を与え、統制を図ろうとします。罰を与えればいうことをきくはずだからです。このような１００年以上前のフレデリック・テイラーによる出来高払制にも似た管理手法が、意図せずともいまだ信奉されているのです。

テイラーは仕事を細分化し、各作業ごとの標準的な仕事量を計測し設定しました。設定した仕事量を上回れば報奨金を支給し、下回れば給料は減らされます。テイラーのとった手法は、当時まさに画期的でした。まだ無秩序だった作業現場に持ち込まれた彼の手法は「科学的管理法」と呼ばれ、もてはやされました。作業員たちを事細かく管理し、事実、生産性を向上させたのです。

昔からの経済学も、これと似た考えのモデルに基づいて理論が設計されています。人は合理的であり純粋に自分の利益だけを考え、冷静沈着に計算し行動するという前提です（このような経済人モデルを「ホモ・エコノミクス」といいます）。金銭的報酬を多く払えば勤勉に働き、少なければあまり働かなくなるということです。まるで感情のないマシーンのように、自分の利得が最大化されるよう合理的に働きます。投下する労働の量なり、難易度なり、あるいは危険度を計算し、それに対する報酬が見合っているかを天秤にかけて働くのです。ホモ・エコノミクスに仕事のやりがいや、好き嫌いなどの感情は一切関係ありません。

現代の人事担当者や賃金コンサルタントの一部も、これらのモデル同様に、いかに仕事の成果とその見返りである給料を合理的に結び付け、どう支払うか、またはどう支払わないかを思案しています。

極端な例ではありますが、それでも人工知能や情報技術の進歩する今日までは、そういったアメとムチによる合理的手法も十分機能していました。しかし人工知能などの進歩により、人間には創造性や判断力、あるいはホスピタリティといった要素が求められるようになると、これまでのアメとムチによる管理手法は通用しなくなっていくのです。一つ例を挙げてみましょう。

■お金で手術の成否が決定されるか

人工知能の進歩により、医師の仕事でさえ危ういといわれていますが、それでも医師は依然として難しい判断や創造性を要する知識労働者といえます。

ところで、工場の経営者であるあなたは、近々とても重要な手術を控えているとします。なんとしても成功してもらわなければなりません。そこでふと、あることを思いつきました。工場の作業員に高い報酬をちらつかせて仕事をさせているように、医師にも袖の下をとおして便宜を図ってもらえないか、と。そう、医師も高い報酬を得られれば、俄然やる気が出て手術が成功するのではないかと考えたのです。

そこで医師に「先生、これだけ割増して報酬を支払うから手術を何としても成功してくれ、もし失敗したら報酬を支払うどころかビタ一文支払わないぞ!」そう告げました。さあ、どうなったでしょう。説明するまでもなく、この作戦は失敗に終わりました。プライドの高い医師であれば、手術どころではないかもしれません。もし高い治療費なら成功して、安い治療費なら失敗するような医師がいたら、患者としてもたまったものではありません。事実チップを支払う慣習のあるアメリカでも、医師にチップを支払うことはないそうです。医師は、普通のサラリーマンに比べれば確かに高い報酬をもらっています。しかし、芸術家が高い報酬をもらったからといって、必ずしも良い絵を描くとは限らないように、彼らの医療に取り組む姿勢や技術も、報酬の多寡によって左右されることはないでしょう。

それならばと、次は白衣の天使に高い報酬を支払います。「いや待てよ、今度は直接ではなく看護師長を通じてボーナスとして支払うようにしよう。高いボーナスを支払うからオレにはもっと心からのおもてなしをするように」そう伝えてもらうことにしました。もしかしたら、賄賂を受け取った看護師はやさしい笑顔をあなたに振り向けてくれるかもしれませんが、それは本物でしょうか。その笑顔はあなたではなく、臨時のボーナスを喜んでの笑みかもしれません。医師と同様に、どうやらホスピタリティもお金では買うことは困難なようです。もちろんムチを与えても結果は同じです。

アメとムチによる管理では、本当の意味での社員のモチベーションを上げ、生産性を高めることは難しいようです。特に創造性やホスピタリティを要する仕事ならなおさらです。

むしろモチベーションを下げてしまうことさえあります。ここからは、お金という「アメ」が経営者の思惑どおり機能しない例について、いくつかみていきたいと思います。

■お金がやる気を失わせる!?

今からおよそ半世紀前の一九六九年、心理学者のエドワード・デジらは、それまで長らく信奉されてきた人の行動と報酬の関係について、まったく真逆の説を唱えました。彼は「お金などの報酬を与えると人のやる気を喪失させる」と言ったのです！書き間違いではありません。〝お金はやる気を失わせる〟そう言ったのです。もちろん当時の心理学者はそんな説を受け入れようとはしませんでした。あなたもおそらく「そんなバカな」と疑問を持ったのではないでしょうか。お金でやる気が増すことはあっても、逆に低下させるなんて…？

では、なぜデジがそんなことを言ったのか、その根拠の一つといえるある有名な実験をみてみましょう。

ソマ・キューブというパズルゲームをご存じでしょうか。1インチ四方の七つのブロックを組み合わせて、様々な形の物を作ることができるパズルです。例えば「犬」や「飛行機」などの形にブロックを組み合わせ、パズルを完成させます。今でいうところの「LEGOブロック」に近い感じかもしれません。様々なパターンを楽しみながら完成させることができ、一度はまると、時がたつのも忘れて夢中になってしまうほど楽しいものです。完成するのが難しい課題もありましたが、やりがいがあり達成感のある面白いパズルです。

デジは実験のために学生たちを集め、グループを二つに分けました。そして学生たちにパズルが配られ、およそ30分間パズルに取り組んでもらいます。30分が経過すると8分間中座し、いったん自由時間になります。自由時間が終わるとまた同じようにパズルを解いてもらいました。実験は条件を変えて合計三日間行われました。

一日目：どちらのグループも同じようにパズルを解いてもらいました。どちらも意欲的に楽しみながらパズルに取り組んでいるようでした。

二日目：条件を変え、一つ目のグループには、パズルを一つ解くごとに1ドル（当時の日本円に直すと360円）を渡すようにしました。もう一方のグループは、特に何ももらえませんでした。お金がもらえることとなったグループは俄然やる気になり、張りきってパズルに取り組んでいました。

三日目：どちらのグループも、報酬なしでパズルを解くよう指示されました。

実は、この実験のポイントは途中8分間の自由時間にありました。8分間の中座をするとき、デジは「ほんの数分間したら戻ります。その間は、何をしていてもかまいません」と言い、部屋を後にしました。その間、学生たちが自由に過ごせるよう「タイム」や「プレイボーイ」といった雑誌が机の上には置いてありました。デジはパズルを解いているときではなく、この8分間の自由時間に、学生たちがどのように過ごすかを、隣の部屋からマジックミラー越しにこっそり観察していたのです。

一日目は、どちらのグループとも、自由時間にもかかわらず、同じくらいパズルを解くことに時間を使い楽しんでいました。二日目になると、報酬をもらえることとなったグループは、自由時間中もその後の次のゲームに備えてか、より一層真剣にパズルを解くことに時間を費やしていました。ここまでは予想のできる行動です。ところが三日目になったとき事態は一変しました。昨日はもらえたはずの報酬がもらえないと告げられたグループは、そうでないグループに比べ、自由時間にパズルを解こうとする時間が極端に短くなったのです。それは前日の二日目よりも、初日の一日目と比べても短いものでした。

最初はパズルを解くこと自体を楽しみながら取り組んでいました。お金ではなく、パズルを解く楽しさそのものがある種の報酬だったのです。ところが二日目にお金という報酬が導入されると、それまでは楽しいという理由から取り組んでいたはずのパズルが、いつの間にか報酬を得るための手段へと変わってしまっていたのです。そのため三日目になり、手段としての報酬が支払われなくなると、「お金がもらえないのに自由時間にまでわざわざパズルを解きたくはない」「タダでそんなことやってられない」と、自由時間に費やすパズルの時間が短くなったのです。お金が本来のパズルの楽しさを喪失させてしまっていたのです。

私がセミナーでこの話をすると、ある受講生がこんなエピソードを話してくれました。その受講生は、趣味でビーズなどを使ったアクセサリーを作っていました。始めのころは友達などにプレゼントしていたのですが、あるとき「こんなに上手なのだからネットオークションに出品してみたら?」と言われ、出品してみると思わぬ高額で落札されたそうです。それがきっかけで何度かオークションに出品しているうちに、自分が趣味で作った物がお金になることが楽しく、どんどん作っては出品していました。ところが気付くと、いつの間にかアクセサリー作りが義務に変わり、仕事のようになっていたのです。今では「がんばって作らなければいけない」とまで思うようになってしまったそうなのです。趣味で楽しみながら始めたアクセサリー作りが、やらなければいけない仕事に変わってにしまったのです。あたかも金銭という報酬に統制されてしまっているかのように。

アンダーマイニング効果

前述のように、本来楽しいはずのパズルや趣味が、お金が絡むことによってその楽しさを喪失させてしまうことを「アンダーマイニング効果」といいます。

人の行動が動機づけられる要因に「外的報酬（外発的動機づけ）」と「内的報酬（内発的動機づけ）」というものがあります。外的報酬とは、一番わかりやすい例でいえば動物に与えるエサです。動物園にいるイルカやサルに芸を教えるときは、エサで釣って芸を仕込みます。動物たちは報酬であるエサ欲しさに芸を覚えようとします。人間であればお金ということになるでしょう。このように外から与えられる報酬のことを外的報酬といいます。

それに対して、その行為そのものから得られる満足感であったり、楽しさのことを内的報酬といいます。外から与えられるものではなく、行為そのものから得られる報酬です。

この内的報酬から動機づけられ行動していることに対し、外的報酬であるお金が支払われると、無意識のうちに楽しさや面白さといった内的報酬が失われ、外的報酬に置き換わってしまうことがあります。外的報酬と内的報酬を同時に満たすことは難しいのです。

■彼女にお金は渡すな

お金による動機と、お金以外の理由による動機は、両立することが難しいのと同時に、本来の意味を変えてしまうことがあります。それを理解せずにお金の使い方を間違えると、思いもよらないトラブルを招くことがあります。一つ例をあげてみましょう。

あなたは、以前から恋心を抱いていたある男性から食事に誘われました。あまりのうれしさに、前日の夜は小学校の遠足の前の晩のように、興奮してなかなか寝付けないほどでした。当日はお気に入りの洋服に着替え、メイクもバッチリにデートへ向かいます。

彼との楽しい食事も終わり、お互いほろ酔い気分でそろそろ帰宅の途に着こうとしたとき、彼から「まだ時間も少し早いし、オレの家に寄っていかない？」と誘われました。あなたは、そんな軽い女に見られてはいけないと、いったんは断りましたが、彼からの強い誘いに「少しだけなら」と、誘われるがまま彼のアパートに上がり込みました。一度上がり込んだが最後、大好きな彼と二人きりです。あとは言わずもがな、二人は一夜を共にしました。

さて翌朝、あなたは昨晩の余韻に浸りながら目を覚ますと、突然彼から「いやー、昨日はすごくよかったよ。はいこれ、お礼として3万円」とお金を渡されたのです。あなたは、カーっと頭に血が上ると、怒りと悲しさのあまり、そのまま着替えると彼の部屋を飛び出しました。

　まあ、こんな間抜けな男性はいないと思いますが、彼女はなぜ怒りと悲しみに打ちひしがれることになったのでしょう。３万円という報酬があまりにも安かったから？もちろんそうではありません。お金に換算されたことが許せなかったのです。お金が本来の意味を変えてしまったのです。

　ところで、もう一度よく考えてみてください。経済合理的に考えれば、好きな男性と一晩一緒に過ごせて、なおかつお金ももらえたのですから一石二鳥のはずです。しかし、もちろんそうはなりません。それとこれとはまったく意味が違うからです。

■人の好意に値段をつけてはいけない

　経済学者は少し視点を変え、「社会規範」と「市場規範」から人の行動とお金について説明しています。社会規範とは、社会という集団の中での慣習であったり、道徳心といったものです。ある意味、人と人との義理人情ともいえるかもしれません。それに対し市場規範とは、単純な損得勘定です。得をするか損をするかを、お金という勘定で計るということです。

　社会規範か、あるいは市場規範か、どちらを基準に行動するかによって結果が大きく変わってくることがあります。

輸血のための献血が少ないことは、この日本でも医療関係者の頭を悩ませています。様々なキャンペーンを打って献血を呼び掛けていますが、特に若者の献血が減少しているそうです。ではもし、献血に対してお金を支払うようにしたら、もっとたくさんの献血が集まるようになるのでしょうか。そんな疑問に経済学者のマグナスとカールは、規制の緩いスウェーデンで実際にお金を使った実験を試みました。献血1回につき50クローナ（日本円にしておよそ650円）を支払うことにしたのです。

女学生153人を対象とした実験では、特に報酬のない場合でも52%が献血を希望しました。およそ半数以上が無償で献血に快く同意してくれたのです。では、報酬がもらえる場合は、それよりは多い60%ぐらいだったでしょうか？いやいやもっと多い80%でしたでしょうか？実は、報酬を支払うと伝えた側では、わずか30%の女学生しか献血を希望しなかったのです。お金を支払うことによって、むしろ献血する意欲を低下させてしまったのです。一体どういうことでしょう。

もちろんこの結果は、性別や人種、年齢、文化によって変わってくると思いますし、様々な要因が考えられますが、一つに社会規範が市場規範に置き換わってしまったという理由があげられます。報酬なしで献血を求められた学生は、献血自体の社会規範から献血を行いました。献血により社会的意義のある行いをしたいということです。ところが報酬のある献血では、50クローナという金額が献血という手間だったり、若干の苦痛であったり、あるいは身体的損失などと比較し、割に合うか合わないかで判断し献血の有無を決定したのです。おそらく「その程度の金額なら別に献血しなくてもいいや」と思ったのでしょう。社会規範から行っていた行為に市場規範を持ち込んだことによって、学生たちを計算高くさせ、献血する人が減ってしまったのです。もし献血を増やしたいのであれば、報酬を支払うよりは、むしろ「スウェーデンの同胞のためにぜひ献血をお願いしたい」と頼んだ方が得策だということです。

さらに、市場規範が働いたことによる問題は、これだけでは終わりません。ちょっと視点を変えて、今度は献血を受ける側から見てみましょう。

お金が支払われる前は、医療機関は「献血してくれてありがとう」という献血者に対する感謝の念がありました。ところが、お金が絡んだ途端、「お金を支払っているのだから当然でしょ。私たちはあなたの血液を買ってあげてるのよ」というふうに、まったく逆の態度に変わってしまうかもしれません。周りの市民からの見方も変わってしまいます。それまでは「献血をするなんて、良心的な人ね」と見られていたのが、「自分の血をお金に替えるなんて、なんて卑しい人なの！」と、打って変わってまるで悪者扱いかも。
あなたがお金のためではなく、真に良心から献血していたとしても、残念ながらあなたの周りがそう見てくれるとは限らないのです。

では、会社と社員の関係だったらどうでしょうか。確かに労働契約は、労務の提供とその対価である給料という市場規範が前提となっています。しかしそれだけではないはずです。給料というお金による取引だけではないそれ以上の関係があるからこそ、社員は給料以上の働きをしてくれるのです。朝少しだけ早く出社して自主的に花壇の水やりをしてくれる女性社員も、遅くまで残業しているあなたに「何かお手伝いしましょうか」とそっと手を差し伸べてくれる同僚も、給料をもらいたいからではありません。「お互い様」や「協力」という気持ちがそこにあるからです。その行為に給料を支払うようにしては、良い関係は築けません。それよりは、ありがとうという言葉と、コーヒーの一杯でもおごってあげた方がよっぽどマシです。人の好意に値段をつけてはいけないのです。

コブラはなぜ増えた？

確かにお金は、人を動機づけるのにとても使いやすくかつ強力な手段であることには間違いありません。バーゲンセールでは、少しでも安く商品を手に入れるため朝から列に並び、他人を押しのけてでも商品を手に入れようと躍起になるのですから。その形相たるやまさに真剣そのものです。お金には、それだけ私たちを惹きつける魅力があるのです。しかしそれがかえって、本来意図したこととまったく真逆の結果を招くことがあります。

イギリスによるインド植民地時代、首都デリーで大量発生した毒へビのコブラにイギリス政府は頭を悩ませていました。そこでイギリス政府は、コブラを捕まえて持ってきた者に懸賞金を出すことにしました。当初は懸賞金目当てで多くのコブラが捕らえられ、持ち込まれました。ところが、しばらくしておかしなことに気づきます。大量にコブラが持ち込まれているはずなのに、一向にコブラの数が減っていないのです。詳しく調べてみると、なんと、人々はコブラを養殖してそれを持ち込んでいたのです！事実を知ったイギリス政府は慌ててこの報酬プログラムを廃止しました。ところでその養殖されたコブラは、その後どうなったかですって？もちろんいらなくなったコブラは野生に放たれました。皮肉にもコブラの数は増えてしまったのです。

この報酬プログラムは、コブラを減らすためのものではなく、結局はコブラを増やすためのプログラムとなってしまいました。お金というインセンティブが強ければ強いほど、お金のみが目的となり、その過程を問おうとはしません。本来意図したことと真逆の結果を招いてしまったのです。

ちょっと余談にはなりますが、現代の日本の政策でも、イギリス植民地時代のインドの「コブラ効果」と似たような現象が起きています。

国は、政府が決めた政策を実現するために、政策に沿った取り組みを行った企業に減税や補助金や助成金といった類のインセンティブを与えることがあります。環境に良い自動車を購入したら、その代金の一部を補助するといったものです。それが適正に行われていれば、インセンティブは意図したとおりに機能します。

ところが、例えば正社員として働きたいと思っている契約社員や派遣社員等の非正規労働者を正社員に転換するために、国が企業に助成金を与えるとします。非正規社員から正社員へ転換することにかかるコスト等の問題から、足踏みしていた企業にとっては、後押しをしてくれるありがたい助成制度です。事実、それによって正社員化が進むでしょう。しかし、助成金の金額だけが過度に強調されると、おかしなことになってしまいます。助成金を受給したければ、ただ正社員を採用しても何ももらえません。あくまで非正規社員を正社員に転換する必要があります。すると、助成金欲しさに本来なら正社員を採用するところを、わざわざ非正規社員として採用し、その後、正社員に転換しようとする企業が出てきてしまうということです。そういった事例はごく一部かもしれませんが、実際見受けられます。まさに本末転倒です。

もし、助成金がそういった良い行いをする企業に対してのご褒美としての位置づけであったり、その名のとおり助成ということを強調すれば、もう少し結果は違ってくるかもしれません。ところが残念なことに、「〇〇すると１００万円の助成金が受給できます！」といったお金を強調したＤＭ広告をばらまいている代理業者が多いのです。それはそれでいけないとはいいませんが、せめて本来の趣旨をきちんと企業に伝えてもらいたいものです。

企業も社員にインセンティブとしてのボーナスを過度に強調すると、前述の例と同じようなバカげた現象を招いてしまうかもしれません。大阪府交野市では、消防団員がヒーローになりたくて自ら放火に手を染めました。排出権取引は、一歩間違えると、かえって企業の環境への取り組みを遅らせてしまうかもしれません。似たような例は枚挙にいとまがありません。

何かをやらせるため（コントロールするため）の手段としてお金を活用しようとすると、

様々な弊害が生じてしまいます。お金にだけ注目が集まり、それを獲得することのみが目的となってしまうからです。そこに至る過程は、できれば手っ取り早く、楽に済ませられるものであればあるほどいいわけです。要するに、短絡的な考えで行動してしまうのです。もし、あなたがお金というインセンティブを設定したいのであれば、よっぽど注意を払うか、あなたが意図することとは違った結果を招くことがあることを、肝に銘じておかなければいけません。

■お金が機能する場合と、しない場合

お金という報酬が招く弊害をいくつか紹介してきましたが、あるケースにおいては、お金はインセンティブとしてうまく機能することもあります。しかしそれは、ごく限られたケースにおいてのみ有効となります。

行動経済学者のダン・アリエリーは、MITの学生たちに、キーボード上の二つのキーを連打するという簡単で単純な課題に取り組んでもらいました。課題は二回行ってもらい、それぞれに報酬が設定されています。一回目は少額の報酬、二回目は高額の報酬に分けて、どちらの報酬の方がよりキーボードを連打し、高い成績を上げるかを調べたのです。結果

はみなさんの予想どおり、高い報酬を得られた二回目の方が好成績を収めました。やっぱり高いボーナスの方が社員はやる気になるんだと思った皆さん、ちょっとお待ちください。このときアリエリーは、別のそこそこ頭を使う計算課題も同条件で行っていました。すると、こちらの頭を使う課題のときは逆に、高い報酬を得られる条件の方が成績は下がってしまったのです。

アリエリーらは、インドでも同じような実験を行っていました。課題には想像力や集中力、記憶力や問題解決能力が求められるパズルゲームが選ばれました。報酬グループは三つに分けられ、少額報酬はインドでの一日分の給料に相当、中額報酬は二週間分の給料に相当、高額報酬は五か月分の給料に相当、という高額報酬グループはちょっとした宝くじ並みの額が設定されました。結果はというと、少額報酬グループと中額報酬グループでは、やや中額報酬グループの方が成績は低かったものの、それほど大きな差はみられませんでした。では高額報酬グループの成績はどうだったのでしょう。高額報酬グループの成績はなんと平均の3分の1以下だったのです。高額グループの参加者は皆意気込んでやる気は満々でした。しかしいざゲームが始まると、あまりのプレッシャーに手が震えてしまい、思ったような成績を上げることができなかったのです。難しい課題では、高い報酬がかえってパフォーマンスを落としてしまうのです。
アリエリーは「インセンティブが大きくなりすぎると、そっちに気をとられ、報酬のことで頭がいっぱいになり、それがストレスとなって結果的に成績が下がってしまうおそれがある」と言っています。

これらの実験は、半世紀以上前に心理学者のサム・グラックスバーグが行った「ロウソク問題」の実験とも一致します。この実験においても、やさしい課題を与えられた被験者は報酬が上がるごとに成績は向上しましたが、逆に難しい課題を与えられた被験者は報酬が高くなった途端、成績が落ちてしまったのです。
単純な課題であれば、報酬によって好成績を上げられます。しかし、思考を要する難しい課題になると、報酬に意識が向いたことにより思考を狭め、課題を解くことを困難にしてしまうのです。お金という魔力に自らがコントロールされ、本来の力が発揮できないのです。

あるテレビ番組で、お笑いタレントの東野幸治さんが、師匠でもある明石家さんまさんについて語っていました。さんまさんは、番組一本あたりのギャラ（出演料）をまったく見ないそうです。なぜなら、ギャラを見てしまうといい仕事ができなくなるからだそうです。おそらく彼は、無意識に報酬が仕事に与える悪影響を理解していたのでしょう。オリンピックに出場する選手も多くはメダル獲得というプレッシャーに耐えながらも、オリンピックでのプレー自体を楽しもうと頭を切り替え演技に取り組んでいます。報酬は私たちの仕事に対する意識をそらしてしまい、本来のパフォーマンスを発揮することを妨げてしまうのです。

しかしながら、実験からも分かるように、単純で分かり切った課題のときは、金銭的報酬は期待したような効果を上げます。高い給料を示せばそれなりに働くということです。ところが冒頭でも述べたように、人工知能やロボットといった技術の進歩によって、工場での流れ作業や給料計算のような単純なルーティンワークは益々減少していきます。確かに高いボーナスを示せば、社員は歓喜しやる気が増すかもしれません。しかしそれに応じて、より高い成果を上げるとは限らないのです。

■高い給料には満足せず、低い給料には不満を抱く

ここまで報酬というお金が招く罠について解説してきました。そうはいっても高い給料

をもらえれば社員は満足するだろうし、喜ぶのではないかという声が聞こえてきそうです。確かに、高い報酬は一時的には社員を満足させます。しかしそれが、長期的に続くとは限りません。社長が思っているほど、高い給料に社員が満足するわけではないのです。給料が高いかどうかは相対的な話であって、直接的な満足とは結びつかないのです。だからといって、賃金水準を上げても無駄とはいっていません（この辺の話は第三章で解説します）。ここで知っていておいていただきたいのは、「給料が高いからといって満足するとは限らないが、低い賃金には明らかに不満を抱く」ということです。

臨床心理学者のフレデリック・ハーズバーグは、人が仕事において満足する要因と不満になる要因を「動機づけ要因」、「衛生要因」として分類しました。動機づけ要因となる項目には、仕事の「達成感」や「承認」といったものがあげられました。逆に不満を招く要因である衛生要因は、会社からの「管理」であったり「監督」といったものでした。では、給料はどちらの要因なのでしょう。ハーズバーグは、給料はどちらかというと〝不満〟を抱かせる要因であると言っているのです。

給料が不満を抱かせるとは一体どういうことでしょう。お金がもらえて不満に思う人などいるのでしょうか。ハーズバーグは「衛生要因はそれが満たされていないと不満になるが、十分に満たされたからといって満足はしない」と言っています。動機づけ要因と衛生要因は別々の概念であり、反対概念ではないということです。例えば給料が昇給すれば、そのときはうれしいですし、やる気も増します。しかし、毎月毎月定期に繰り返し支払われているうちに、その感覚も次第に薄れてきます。それが当たり前となってしまうのです。たくさんもらえたからといって、その満足ややる気が持続するわけではありません。しかし、もし減給なんてことになったり、そもそもの賃金があまりにも低ければ不満に思います。この辺りはみなさんも経験があるのではないでしょうか。

給料とは一時的な満足であって、長期的なやる気にはつながらないのです。しかし低い（または減らされる）給料には不満を抱きます。給料とは不満を招く要因だからです。もしかすると、会社は社員が不満にならないように給料を支払っているだけなのかもしれません。

■脳内ホルモン「ドーパミン」と給料の意外な関係

ハーズバーグがいったように、ボーナスや昇給といったインセンティブは、一時的には社員に刺激を与え、やる気を引き出します。しかし、長期的なやる気や満足にはつながりません。その理由は、ハーズバーグがこの理論を唱えたころにはまだ解明されていなかった、現代の脳神経科学によって説明できるかもしれません。そのカギとなるのが「ドーパミン」という脳内ホルモンです。

ドーパミンとは脳の神経伝達物質で、私たちを欲求へと駆り立てます。美味しそうな食べ物やきれいな女性を目にするとドーパミンが脳内から放出され、それを手に入れたくなります。食べ物であれ、異性であれ、給料であれ、すべて私たちにとって報酬となるものはドーパミンを放出させる要因です。これらは先に述べた「外的報酬」にあたります。ちなみに「褒める」という行為も、使い方によっては同じ外的報酬となります。ドーパミンが放出されると、その対象となっている報酬を手に入れようと行動を促します。要するにやる気を引き起こさせるのです。人間が生きていくためには、良くも悪くもこのドーパミンが欠かせません。

ただし一点、留意しておくことがあります。ドーパミンは、あくまで私たちに行動を促すだけであって、そのものを得たことによる満足感をもたらすわけではありません。ドーパミンは報酬への〝期待〟を抱かせるだけなのです。

脳のドーパミンを刺激する側坐核という箇所に電極を付けたラットの実験があります。

ラットがレバーを押すと、脳の側坐核に電流が流れ刺激します。このラットを、電流が流れる網の両端にレバーを取り付け、それぞれのレバーで交互に刺激が得られる装置に入れます。しばらくして、ラットがこのレバーの仕組みを理解すると、何かにとりつかれたように電流の通った網の上を行き来し、刺激欲しさにレバーを押し始めたのです。レバーを押し続けたラットは、とうとう足が火傷で真っ黒になって動けなくなってしまいました。別にそのラットにたまたまマゾっ気があったというわけではありません。刺激を受けたいがために、苦痛をも我慢し、レバーを押し続けていたのです。

こうした結果を見て、同じことを人間の脳で実験しようとする研究者が現われました（実験が行われた一九六〇年代は、今では考えられない結構過激なことが行われていました）。研究者たちは、抑うつ病の患者の治療にドーパミンが効果があるのではないかと考えたのです。患者の脳にラットと同じように電極を埋め込み、ボタンで電流が流れるようにすると「気持ちがよくて、暖かい感じがする」と言い、1分間で平均40回も自らに刺激を与え続けたのです。研究者がボタンを押すのを制止しようとすると、なかには強く抵抗する者もいました。

研究者たちは、ドーパミンが抑うつの治療に使えるのではないかと考えましたが、すぐに不都合な事実が判明します。憂うつな気分を晴らす効果は一時的で、すぐに消えてしまうのです。患者たちは「もうすこしで満足感が得られそうで得られず、焦るばかりで少しも楽しくなかった」と答えました。ドーパミンが生じさせるのは快感ではなく、もう少しで快感を得られそうな〝予感〟だったのです。

その後二〇〇一年に神経科学者のブライアン・クヌットソンは、被験者に脳スキャナーを装着し、お金という報酬を使って脳の活動領域を調べました。すると、お金を得るまでは脳の側坐核が活発に活動していましたが、実際にお金を受け取ると沈静化してしまったのです。これによりドーパミンは、あくまで行動を起こさせるためのものであって、満足感や幸福感をもたらすものではないことが証明されました。

もうお分かりだと思いますが、外的な報酬である給料は、一時的な行動を促すだけで、それそのものから満足が得られるわけではないということです（お金によって何か物が買えると期待し、またドーパミンを放出させるだけです）。

さらに、このドーパミンの特性の一つとしてあげられるのが、ドーパミンは目新しいものや変化に対しては反応するが、見慣れたものには反応が鈍くなっていくということです。毎月同じ給料が定期に支払われていると、最初の昇給したときのような興奮はやがてなくなってしまうのです（最初はあんなに可愛いと思っていた奥さんも、今ではもう見慣れてしまっていませんか?・)。また経済学者のアンドリュー・クラークは、給料の満足感を給料の絶対的水準額ではなく、給料の変化と強く相関していることを立証しました。

結論を言いましょう。短期の課題や単純な作業には、金銭的な報酬である給料はドーパミンを放出させ、社員の行動を促すのに効果があります。何かを始めさせるきっかけにも効果はあるでしょう。しかし、長期的なやる気の維持にはつながりません。ドーパミン自体には満足感を与える効果がないからです。また社員の満足度が低ければ、顧客に対してもホスピタリティあるサービスはできなくなってしまいます。

せめて社員のやる気だけでも維持させたいとしても、常にボーナスなり、昇給を行い続けなければならないことになってしまいます。

出来高払制はなぜ上手く機能しないのか

給料を出来高制（フルコミッション）としている企業があります。やったらやった分だけ給料が支払われるという仕組みです。そうすれば、給料がインセンティブとなって社員はやる気になるのではないかと考えているのです。また、給料が固定費ではなく変動費となるため、無駄な人件費を支払わなくて済むとも踏んでいます。しかしそれは、先ほども述べたように、単純でやることの範囲が決まっている内職のようなものや、やりたがらない仕事を最初に習慣づけるようなことであれば、一定の効果は上がるかもしれません。しかしそうでない場合は、様々な不都合を生じさせます。

給料を出来高制にするということは、仕事とお金を強く結びつけることになります。それは、お金がもらえるから仕事をするという条件づけと同じです。逆にいえば、お金がもらえないのならその仕事はしないということです。

ある会計事務所の所長からこんな話を伺いました。その会計事務所では、一部の社員に、担当している件数に応じて給料が支払われる完全出来高制の給料体系を採用していました。ところが、どうもその出来高制を適用している社員は、他の月給制の社員と比べて勤務内容があまり良くないというのです。詳しく聞いてみると、件数はそれなりに多くこなしてくれて助かっているのだが、毎月一度の顧客訪問ではさっさと仕事を終わらせて帰ろうとするし、遠くの顧問先は受けたがらない、また担当以外の仕事は積極的にかかわろうとはしないとのことでした。出来高制にすれば、やったらやった分だけ給料がもらえるし、こちらとしても損はないと、双方納得したうえで始めたことでした。しかし、結果として仕事と給料が強く結びついてしまい、楽をして手っ取り早くお金が稼げる仕事以外の余計な仕事はしたくないというモチベーションが働いてしまっていたのです。

またある会社では、給料に様々な手当を設けていました。電話当番をしてくれたら「電話手当」、朝、雪かきをしてくれたら「雪かき手当」、社内の委員会活動を受け持ってくれたら「委員会手当」など。社長は余分な仕事をしてもらうのだから、それに対して手当は払うものだと思っていました。ところがある日、社長が社員に通常業務とは別のちょっとした仕事をお願いしたときです。そのとき社員から言われた言葉は、そうです。「この仕事は手当がつきますか?」です。

これらの例は、仕事とお金を直接的に結びつけたことによって陥るよくある失敗です。単純で同じことを繰り返すような作業や、手当などで何かをやらせるきっかけに使う程度でない限り、社員をお金でコントロールすることは難しいのです。では、どう社員を動機づけたらいいのでしょう?ここで登場するのがもう一つの報酬。そう、「内的報酬」です。

■内的報酬がやる気を引き出す

内的報酬とは先に説明したとおり、仕事そのものから得られるやりがいであったり、楽しさになります。これらはお金である給料からは得られない、達成感であり満足感です。

外部から与えられるものではなく、内面から得られるもので長期的なやる気を引き出します。それにより社員の満足度が高まれば、顧客に対してもより高いサービスを提供できます。

私のクライアント先のある幼稚園での話です。私の住む地域では、少子化により多くの幼稚園や保育園が定員割れになっており、園児募集に苦心しています。ところが、その幼稚園は定員割れどころかはるかに定員をオーバーしてしまい、断るのが大変だそうです。よっぽど上手なマーケティングをしているのかというと、ほとんど宣伝等はしておらず、他の幼稚園が「園児募集」を訴えるのに対し、その幼稚園では「見学会に来て納得してもらった人しか入れません」といった強気の姿勢です。兄弟や紹介、口コミのみで園児が集まっているのです。

その幼稚園のすごさは、一歩足を入れた瞬間分かります。私のようなスーツを着たいかにも怪しそうなセールスマン風の男性が初めて会社などを訪れれば、大抵知らない人は警戒と疑いの目で接してきます。ところが、その幼稚園はまったく面識のないスーツ姿の私にも満面の笑顔であいさつをしてくれるのです。私のことを一目ぼれでもしたのかと勘違いするくらいです。ホスピタリティがとても高いのです。そして、園児たちのにぎやかで元気な声が出迎えてくれます。

先生たちのモチベーションはとても高くやる気に満ちているのですが、決して給料はそれほど高いというわけではありません。むしろ公立の保育園より低いかもしれません。では、高いモチベーションを維持できている理由はなんでしょう。あるとき、一人の先生が妊娠し、そのための社会保険などの手続を教えてほしいと訪問したときです。その理由がようやく分かりました。

その幼稚園で、初めて障害を持つ男の子を受け入れることになったそうです。ある程度分別の付く小学生程度であれば、障害を持っているということでイジメはいけないと理解もしてくれますが、園児となればそうはいかないかもしれません。そのため先生たちは、その男の子が本当に楽しくこの幼稚園で過ごしているのか、本当はつらい思いをしているのではないか、とても心配していました。そんなある日のときです。妊娠してお腹が少し大きくなった先生のところに子供たちが集まってくると「いつ生まれるの？」「男の子？女の子？」などと次々と質問を投げかけてきました。すると障害を持ったその男の子もゆっくりと近づいてきて、先生のお腹をさすりながら「先生、もしこの子が生まれたら絶対この幼稚園に入れた方がいいよ」と言ったのです。先生は「どうして？」と聞き返すと、もしかしたらいじめられているのではないか、嫌な思いをしているのではないか、そう心配していた男の子が言った一言は、「だって、ここの幼稚園とっても楽しいんだもん！」。

男の子は嬉しそうに答えました。それを聞いた先生の目には自然と涙があふれ出しました。隣で聞いていた先生も涙が止まらなかったそうです。おそらく先生たちにとってこれほど嬉しい報酬はなかったのでしょう。お金からは得られない喜びだったのです。

このような内的報酬には、外的報酬がいくら束になっても敵いません。内的報酬には本当の意味での満足感や達成感があるからです。

最もクリエイティブな製品を世に送り出してきた企業の一つにアップルが挙げられます。そのアップルに戻ってきたときのスティーブ・ジョブスの役員報酬はたったの1ドルでした。彼は、ネクストでもピクサーでもほとんど報酬を受け取ろうとはしませんでした。もともと億万長者だったとはいえ、ほぼ無報酬であそこまで仕事に没頭した彼の動機は何だったのでしょう。それは名誉や名声でもありませんでした。彼は「アップルで世界をちょっとだけ住みやすくする」という献身的な想いと、何より自分自身が仕事を楽しんでいたということだったのです。ジョブスは金儲けのためにアップルに戻ってきたわけではありません。彼は後にこう言っています。「お金のためにやってきたわけではない。買いたい物なんてすぐ尽きてしまう」。

金銭的外的報酬では、資金もやる気もやがては尽きてしまいます。しかし、内的報酬には私たちを突き動かす強い動機づけがあります。それは同時に長期的な満足を与えるのです。

では、外的報酬である給料はどのように設計していったらいいのでしょう。その前に、もう一方のマイナスのインセンティブである「ムチ」についてみていきたいと思います。

第二章　ムチ（罰）で社員は動かない

前章では、給料というインセンティブが、必ずしも会社が望むような結果にならないことを紹介してきました。では逆に、ムチである罰金や社員を叱るといった罰を与えたらどうでしょう。ムチをちらつかせて、社員にいうことをきかせることはできるのでしょうか。

■なぜ幼稚園の遅刻は増えたのか

罰を与えた場合も、お金を支払ったときと同じように、本来の意味を変えてしまうことがあります。そのことについて経済学者のウリ・ニーズィーは、非常に興味深い事例を紹介しています。

あるイスラエルの保育園では、子供たちのお迎えの時間になっても、なかなか現れない親への対策として、遅刻をしたら3ドルの罰金を科す制度を導入しました。罰金を科せば遅刻が減るだろうと踏んだのです。やってほしくない行動を抑制するのに、罰金はよく使われる手法です。まあ3ドル程度なら一般常識的にも妥当な額だと判断したのでしょう。ところが、そのことが裏目となってしまったのです。

普通に考えれば、誰も罰金なんて取られたくないはずですから、遅刻は減るものと考えます。ところがなんと、逆に遅刻をする親たちが増加してしまったのです（そんなバカな?!）。ひょっとして3ドル徴収するという行為に反対して、その腹いせに親たちが遅刻を意図的に増やしたのでしょうか。いいえ違います。親たちは3ドルを罰金としてではなく、延長保育料としてとらえてしまったのです。それまでは、遅刻をしたら保育士さんに迷惑をかけてしまうかもしれない、ひょっとすると遅刻によって自分の子供の扱いが悪くなってしまうのではないか、そう思っていました。ところが3ドルという罰金を科したことにより「罰金さえ支払えば遅刻をしてもいい、3ドルが延長保育料なら安いもんだ」そう考えてしまったのです。ちょうど3ドルという罰金が免罪符のようになってしまい、本来の遅刻に対する規範的な意味付けを変えてしまったのです。

前章で社会規範（道徳心）から行っていた行為が、市場規範（損得勘定）に入れ替わったことにより、かえって物事が悪化してしまった事例を紹介しました。それと同じように

「遅刻はいけないこと」という社会規範から遅刻をしないようにしていた親たちに、罰金という金銭的な市場規範が入り込み、かえって遅刻を増やしてしまったのです。お金が罪の意識を変えてしまったのです。

会社であっても、例えば遅刻に対して罰金を科したからといって、遅刻が増えるとまではいいませんが、使い方を間違えれば、イスラエルの幼稚園と同じ結果を招くかもしれません。遅刻をしても罰金さえ支払えばそれで無罪放免となってしまうからです。それでは、職場の秩序は保たれません。

いずれにせよ、ムチによって社員をコントロールするということが簡単ではないこと、あるいは、意図したことと逆の結果を招いてしまうことは、分かっていただけたのではないでしょうか。

■得より損をしたくない

罰金のようなマイナスのインセンティブを使って社員を動かそうとすることは、基本的には報酬といったプラスのインセンティブを使ったときと同じような弊害を生じさせます。ただし、同じインセンティブであってもマイナスの方が人は強く影響を受けます。

例えば、あなたが寝坊をして会社を遅刻したとします。ケース1では、遅刻によって皆勤手当の5、000円がもらえなくなりました。ケース2では、罰金として5、000円を徴収されました。どちらが苦痛を感じるでしょう。おそらく、ほとんどの方がケース2の罰金5、000円の方を選んだのではないでしょうか。しかし、よく考えてみてください。どちらも同じ5、000円です。ところが、もらえるはずのもの（皆勤手当）がもらえなくなることより、現状がマイナスになること（罰金）の方が苦痛を感じるのです。他にも、毎年5、000円必ず昇給していた会社で、今年は昇給しないとした場合と、昇給をほとんどしていない会社が、今年は5、000円減給するとした場合を考えてみても同じです。同額であっても、現状よりマイナスに振れる方に人は苦痛を感じます。このことを経済学者のダニエル・カーネマンはプロスペクト理論のなかで説明しました。人は何かが得られることへの「機会損失」よりも、何かを失う「損失回避」の方に強く反応し、その差はおおむね2倍前後であると言っています。日常生活でもこういった場面はよく目にします。やり手の営業マンなら「いまなら○○円お得ですよ」とは言いません。「今買わないと○○円も損ですよ！」とお客に営業するのです。

一つ皮肉な事例を紹介しましょう。

ある会社で、商品を完成させ、予定より早く納品できた場合は、1回につき1、000円の報奨金を支払うということをしていました。そのためか、実際に90％以上の社員が納期限より早く納品し、報奨金をもらっていました。狙いどおり報奨金制度がうまく機能して社員の行動を変えたと社長は思っていました。ところが実際に社員に話を聞いてみると、誰一人報奨金を目当てに納期を早く済ましている人はいなかったのです。なかには報奨金がそもそもいくらかさえ知らない社員もいたほどでした。

ではなぜ、みんな納期を守ったのでしょう。単純な話です。納期を守れなかったら、逆に1、000円の罰金が科せられることになっていたからです。さらに毎月の会議で社員全員の納入結果の一覧表が作成してあり、守れなかった人はその会議で気まずい思いをしなくてはいけませんでした。みんなの前で恥をかきたくない、罰金を取られたくないという損失回避が働き、納期をみんなが守っていたわけです。皮肉なことに1、000円という報奨金はほとんど無意味なものとなっていたのです。おそらく1、000円の報奨金をなくしたとしても、納期率が落ちることはなかったでしょう（まあ不満にはなるでしょうけど）。

このように、同じ金額なら損失回避を利用した方が社員を動かすには効果的です。確かに一定のルールを守らせたり、社内の規律を維持するには、そういったアプローチもときには必要だと思います。しかし使い方を間違えると、人は損失回避の方に強く反応するため、それを避けようと一層お金に執着するようになります。それはすなわち、前章で述べたようなお金による弊害を生じさせやすくなることにつながります。

また損失回避は強力なインセンティブなため、一時的には何かをやらせることができたとしても、過度に使うと、社員の不満はますます積もっていきます。先の幼稚園の遅刻の例で、もし遅刻1回につき10万円だったら、その時は遅刻はピタリとなくなるかもしれませんが、そんな幼稚園にはもう子供を預けようとは思わないでしょう。もしそれが会社だったなら、そんな会社に人材は集まらないでしょうし、今いる社員だって退職してしまうに違いありません。金銭的報酬を多く与えたからといって、必ずしも満足しないことがあると前章で説明しましたが、罰金は多く徴収すれば、過度の不満となるということはいうまでもありません。

■学習性無力感

罰金のような手段を使って何かを強制しようとすれば、その瞬間は一時的にいうことをきくかもしれません。しかしそれが、長期的に持続するとは限りません。社員が社長の指示に従うのは、あくまで社長に怒られたくないからであって、自らが納得して社長の指示に従ったわけではないからです。いうことをきかせるためには、常に社長が監視の目を光らせ、ことあるごとに怒鳴りつけたり、罰金をちらつかせたりして社員を脅し続けなければなりません。しかし、そんなことばかりしていれば、社員の自発性は完全に失われ、いずれは何も行動しなくなってしまうことがあります。罰を使って社員をコントロールしようとすることは、報酬を使って社員をコントロールすることより、始末が悪いのです。

心理学者のマーティン・セグリマンによるある有名な実験があります。2匹の犬を1匹ずつ電気ショックの流れる部屋の中にそれぞれ入れ、一方の犬はボタンを押すと電気ショックが止められる装置のついた部屋、もう一方の犬は何をやっても電気ショックを止めることのできない部屋に入れます。そこで突然電気が床を流れます。すると犬たちはびっくりして、部屋の中をあちらこちらと走り回ります。わけも分からず走り回っていると偶然ボタンを踏みつけ、電気ショックが止まりました（よかった、これで一安心）。前者の犬は電気ショックを回避できる術を学習しました。そうなれば電気が流れても、もう怖くありません。電気が流れると自発的にボタンを押し、不快な電気ショックを受けずに済むようになりました。めでたし、めでたし。

一方、何をやっても電気ショックが止まらない犬は、最初のうちは何とかこの電気から逃れられないかとあれこれやってみます。ところが何をやっても電気は止まりません。不快な電気ショックが無残にも犬に襲い掛かります。もう何をやっても無駄だとついにはあきらめ、悲しげな顔でその場にしゃがみこんでしまいました。そしてそのまま不快な電気ショックを受け続けたのです（実験とはいえ、なんだかかわいそうな光景です。今だったら動物虐待で訴えられそうです）。

さて、ここからが実験の本題です。次に、簡単に飛び越えられる壁に囲まれた別の部屋に犬を移動させて、再度同じ実験を行いました。すると前者のスイッチを押すことを学習した犬は、そんな低い壁ですので当たり前のように飛び越え脱出しました。ところが後者のかわいそうな犬は、以前と同じようにその場にうずくまり、電気ショックを受け続けていたのです。簡単に飛び越えられるはずの壁を飛び越えようとはしなかったのです。一体どうしてしまったのでしょう。電気ショックで体に損傷でも負ってしまったのでしょうか。

いいえ、体に損傷を負ったのではありません。何をやっても無駄だ、自分には能力がなくどうしようもないという認知を形成し、学習に基づく無力感が生じてしまっていたのです。このことを「学習性無力感」といいます。後者の犬は、最初の部屋で何をやっても電気ショックから逃れることはできませんでした。すると壁が低い部屋に移されても「どうせこの電気ショックからは逃れないのだから抵抗するだけ無駄だ、自分にはどうしようもない」と悪い意味で学習してしまっていたのです。

ある会社の会議に参加させてもらったときです。その会議では、社長が一人しゃべり続けるだけで、社員から意見が上がってくることはほとんどありませんでした。会議というよりは社長の独演会といった様相です。社員みんなが社長のイエスマンなのです。社長が「誰か意見はないのか、なんでも思ったことを発言したまえ」そう促すと、一人の社員が固く閉ざしていた口をようやく開けて発言しました。「す、すみません、よろしいでしょうか。この点についてては、私は〇〇の方がいいと思うのですが…」そう言うと、社長は明らかに不機嫌な顔をして「だったら、なぜなのか具体的に理由を言え、根拠もないのに勝手な意見を言うな！」と、まったく聞く耳を持とうとしません（何でも意見を言えといったのは社長なのに…）。社員はまた黙って下を向いてしまいました。その後も、他の社員から意見が出てこなかったことは想像に難くありません。

このように社員を威圧したり、せっかく出てきた提案を未熟だからと頭ごなしに何度も突っぱねてしまっては、先ほどの実験と同じように「どうせ何をやってもムダだ」ということを社員が学習してしまいます。すると社員の積極性は失われてしまいますが、そんな積極性に欠けた社員にいらついた社長はさらに強く発破をかけます。しかし、それはむしろ逆効果です。社員はますます自信を喪失し、自分の殻に籠ってしまってしまうのです。

イソップ寓話に「北風と太陽」という話があります。旅人の上着を脱がせるために北風と太陽が勝負をするという物語です。初めに北風が力いっぱい風を吹かせ上着を吹き飛ばそうとしますが、旅人はかえって上着をしっかり押さえてしまい、上着を脱がすことはできませんでした。次は太陽の出番です。太陽は北風とはまったく逆の方法をとりました。なんと光を照らし旅人を温め始めたのです。すると、あんなに北風が風を吹かせても脱がなかった上着を、旅人は自ら脱いだのです。太陽のように温め、社員に自信をもたせた方が、社員の自立性は高まるのではないでしょうか。

サボる社員にはお仕置きも

罰もときには使わなければいけない場面もあります。例えば遅刻をした社員をたった一人でもそのまま放置しておけば、いずれは他の社員まで遅刻をするようになり、ひいては職場全体の規律に大きな悪影響を及ぼします。職場全体の秩序や利益を守らせるためには、それに従わない社員に対してお仕置きも必要です。

ある架空の会社での風景です。

仕事も早く優秀な明子さんは、誰よりも一生懸命働きます。人柄も良いため上司からも頼りにされ、よく仕事を任されます。誰もやりたがらない仕事でも自ら名乗り出て受けるぐらいです。そのため、どうしても遅くまで残業をすることが多くなってしまいますが、仕方ありません。いつものように遅くまで残業していたある日、ふとあたりを見渡すと周りのデスクにはもう自分しか残っていないことに気づきました。忙しいから手伝ってほしいと仕事を頼んできたはずの同僚の知子さんまでも帰ってしまったようです。「残っているのは私だけ？」なんだかやるせない気持ちになってしまいました。

そんな同僚の分まで頑張って仕事をしている明子さんですが、上司からは「なんでこんなに残業が多いんだ！」と注意を受けてしまいました。「ちょっと待ってよ、私もがんばってるんだから。そんなことをいうなら、人に仕事を押し付けて何もしない知子さんはどうなの？」ところが同僚の知子さんは「忙しい、忙しい」が口癖で表面上はせわしく働いているように一見みえます。けれど定時になればさっさと先に帰ってしまうのです。

要領のいい知子さんが得をして、真面目な明子さんは報われません。そんな不公平な状況に、いつしか明子さんは以前のように仕事を積極的に受けなくなり、やがてやる気も落ちていってしまいました。

これは、あながち架空の話ともいえないのではないでしょうか。同じようなことがあなたの会社でも起きていませんか? 叱ったり罰を与えることは、かえってその弊害が生じることがあります。しかし知子さんのようなずるがしこい態度には、場合によっては罰が必要なこともあるのです。

人の社会的行動を確かめるために、よく「公共財ゲーム」という実験が用いられることがあります。例えば4人でグループを作り、初めに各メンバーに1、000円が渡されます。1、000円のなかから自分で決めた額をグループのために寄付することができます。寄付されたお金は2倍になり、それをグループのメンバー全員で均等に分割され戻ってくるルールになっています。そこでメンバー全員が同じように500円を寄付したとします。すると合計2、000円(500円×4人)が公共財として一箇所にプールされ、2、000円はその2倍である4、000円になります。それをメンバーで4等分することになりますので、一人あたり1、000円を獲得します。あなたは500円を寄付したことにより結果1、000円を手にしたわけです。

しかし、もしあなた以外に誰もグループのために寄付していなかったとしたらどうなるでしょう。あなたの500円だけがプールされ、倍額の1、000円になりますが、メンバー4人で分けることになります。結果、あなたの取り分は1、000円÷4人＝250円となり、あなただけが損をしてしまいます。

このゲームを同じメンバーで繰り返し行うと、初めのころは1、000円保有しているうちの半分にあたる500円ほどをグループのために寄付しようとする行動がみられます。しかし、ゲームを繰り返すに従い協力関係は徐々に薄れ、10回目にはおよそ150円ほどしか貢献しようとしなくなってしまいます。なぜこのようなことが起こってしまうのでしょうか。みんなが気前よく寄付をすればみんなが儲かるはずなのに…。

もし相手を信頼せず、自分だけが得をしたいと思うメンバーがいれば、そのメンバーのもっとも合理的な行動は、一切寄付しないことです。他のメンバーに寄付させて、自分は一銭も手放さず分け前だけを得ようとする戦略です。いわゆるただ乗り（フリーライダー）です。ところがそんなメンバーがいると、それまでは気前よく寄付をしていたお人好しもさすがに我慢できなくなってきます。そんなただ乗りをするフリーライダーのために寄付をしたくはありません。他方ではグループのために貢献はするけれども、他のメンバーより少なめな貢献しかしない者もいます。すると、やがてはグループ全体の貢献額が徐々に減っていきます。みんなで協力し合えば、みんなハッピーになれるはずなのに、結局はグループ全体の利益が減少してしまうのです。利己的なフリーライダーの行動が、グループ全体をむしばんでしまったのです。

そこで経済学者のエルンスト・フェールらは、気に入らない他のメンバーに罰金を科せられるルールを取り入れて、同じようにゲームをしてみました。グループに貢献せず、ただ乗りしようとするフリーライダーに対しては、自分もいくらかコストは支払いますが、相手の利益を減少させることができるようにしたのです。ただし匿名性は保たれています。すると初回から70％程度の協力がみられ、4回目には90％もの協力が維持されました。

利己的なフリーライダーは、自分だけがただ乗りをすれば他のメンバーから罰金を徴収されるかもしれないと恐れ、協力する方が得策だと考えたのでしょう。フリーライダーが罰金によって改心したわけではないにしろ、結果としてはグループ全体の利益が増えたのです。

最初の罰金を科せられないゲームでは、もともと貢献的だったメンバーですら、自分だけ貧乏くじを引かされたのではたまらないと、徐々に非協力者となってしまいました。ずるがしこいフリーライダーをのさばらせていたためです。これは現実の社会でも当てはまるのではないでしょうか。

仕事をサボる社員がいれば、自分だけ真面目に働くのがバカらしくなってしまいます。自分の稼ぎの一部が、サボる社員の給料になっているなんて思えば腹立たしくもなります。そうなれば、真面目な社員のやる気をも奪ってしまうのです。

ただ、フリーライダーのようなサボる社員でも自分が罰せられると思うと、損をしないように表面上は協力者となることが前述の実験からもいえます。サボる社員の心を改心させることはできないにしても、罰金によりフリーライダーの行動を変えることはできるのです。そういう意味では、きちんとした人事評価に基づき、フリーライダーには手厳しいお仕置きが必要そうです。

いずれにせよ、罰金はサボる社員を律するためというよりは、むしろ真面目に仕事に取り組む社員に報いるためにこそ、必要なのかもしれません。

失敗から学ぶ

罰金という「ムチ」で社員にプレッシャーを与えれば、金銭的報酬を提示したときと同じように難しい課題になればなるほど、また罰金額が高くなればなるほど、成績は落ちてしまうでしょう。もし失敗したら罰金100万円などという状況で、冷静になって創造性を発揮する仕事ができるとは到底思えません。そもそもそんなリスクのある仕事は避けようとするでしょう。新しいことにチャレンジして失敗したとしても（当然それは反省すべきことではありますが）、会社が最終的に守ってくれるという心理的安心感があるからこそ、社員は再度自発的にチャレンジできるのです。

GE（ゼネラル・エレクトリック）の最高経営責任者であったジャック・ウェルチはかつてGEの若手エンジニアだったころ大失敗を犯しました。プラスチック素材の開発をしていたとき、揮発性溶剤の入ったタンクに誤って火花が引火し大爆発を起こしたのです。爆発で工場の屋根は吹き飛び、窓ガラスの破片が辺りに散らばり、一歩間違えれば死者が出てもおかしくない大事故です。深刻なケガ人が出なかったのが、不幸中の幸いでした。ウェルチは重罰を受けることを覚悟し、ニューヨーク本社へ事故の報告のために向かいました。

しかし、沈痛な面持ちのウェルチに当時GEの役員だったチャーリー・リードが言った言葉は「もう一度、事故が起きたときの状況を振り返ってみようじゃないか」でした。怒鳴りつけるわけでもなく、クビを言い渡すでもなく、むしろ同情的な態度で今後の改善策について話しました。失敗を振り返り、どうその失敗から学び、今後どうそれを活かすか、ウェルチは失敗から学ぶことの大切さをそのとき改めて知りました。また同時に、落ち込んでいる人を責めることの無意味さも、このとき学びました。むしろ「部下が過ちを犯し落ち込んでいるとき、上司の果たすべき役割は、自信を取り戻させることだ」と彼は言っています。

ウェルチは失敗から学ぶことをとても重視していました。彼のそんなエピソードを表す言葉があります。

「われわれは失敗にも報酬を与えている。機能しない照明器具を作ったチーム全員にテレビセットを贈ったこともある。そうしないと、社員は新しい挑戦を避けるようになる」

失敗に対して報酬を支払うなんて、いかにもウェルチらしいですね。

新しいことにチャレンジしてあえなく失敗したとしても、守ってくれるという安心感があるからこそ、社員は困難なことにもトライしようとするのです。もし些細なミスさえ責められるような会社であれば、社員は失敗を恐れ何もしようとはしなくなるでしょう。もちろん失敗はしないに越したことはありません。しかしそこから学び、次に活かすことが大切なのです。

罰金を科したり、厳しく叱責するといった行為では、根本的な問題は解決されません。

しかしなぜ、人はそのような行為を繰り返してしまうのでしょうか。それは、短期的には罰を与えることが、好ましくない行動を禁じたり、仕事を強制的に行わせるには効果的で、かつ簡単だからです。

しかし今までみてきたように、罰や脅しで社員をコントロールしようとすることは、社員を困惑させてしまったり、かえってやってはいけないことを助長してしまったり、さらには自発性や積極性を失わせてしまうことにもつながります。短期的には効果があったとしても、長期的には良い結果を生みません。確かに、時には厳しく接することも必要です。しかしそれは限定的でなくてはいけません。社長や上司は、社員が自ら考え判断し行動するよう促すことが大切なのです。

■罰のない関係へ

ときたまニュースで、金融関係や経理の仕事に従事している社員が、顧客や会社のお金を使い込んでしまったということを耳にします。その度に責任者である役員は「監査体制を強化して、今後このようなことは二度と起きないように気を付けます」と謝罪します。もちろん不正を犯した社員はクビです。翌日からは毎日集金担当者のバックの中身をチェックしたり、定期的に担当の入れ替えを行ったりと、常に監視の目は欠かせません。

潔白な社員まで疑いの目がかけられ、悪いことをしていないのにビクビクする毎日です。残念ながら、それでも監視の目をすり抜けて不正をする社員がまた一人出てしまいました。

そもそも不正をした人たちは、なぜ不正をはたらいたのでしょう。お金がなくて明日のパン一枚も買うことができなかったからでしょうか？　なかには借金で切羽詰まった人もいたかもしれませんが、大半が遊ぶ金欲しさに他人のお金に手を付けてしまっているのです。借金だって、もとをただせば交遊費が原因だったりします。

そうなのです。不正をはたらく一番の理由はモラルの低下なのです。監視が甘かったことによる出来心ではないのです。つまりは、故意に他人のお金に手を出してしまっているのです。そうであれば、いくら監視の目を厳しくしても、不正を企む人は監視の目をくぐり抜けまた不正をはたらきます。監査体制を強化したり、ときには解雇にするぞと脅しによる罰をちらつかせても、根本的な解決にはなりません。もちろん出来心が起きないように、日ごろからきちんとした監査体制を敷いておくことは大切です。しかしそれだけでは、まるで脱獄を企てている囚人と、それを監視する看守のようなものです。そんな関係が果たして健全といえるのでしょうか。

もし会社が社員を信頼して、社員も会社に忠誠を誓っていたらどうでしょう。社員は会社の大切な財産であり、家族のように接していたら。社員も会社やその上司、同僚や後輩を裏切ってはいけない家族と思っていたら…。結果は違ってくるかもしれません。そこにはお互いの信頼関係があります。信頼関係があれば罰は必要ありません。そういった関係があるからこそ、社員は安心して今日も会社へ向かうのです。

コラム

前述の幼稚園の遅刻が増えてしまった例も、お金という免罪符により罪の意識がなくなってしまった（社会規範が低下してしまった）ことが原因でした。ところで、免罪符とはどういったものだったのでしょう。

免罪符とは16世紀にバチカンにあるサン＝ピエトロ大聖堂の建築費用を捻出するためにメディチ家出身の教皇レオ10世が公に認め、販売し出したのが始まりだそうです。免罪符は、それを買った当人の罪を帳消し、死んだ後も地獄行きを免れるというふれこみの代物でした。カトリック信徒が、教えに反する罪を犯しても、面倒なプロセスを経る〝罪の償い〟の儀式をせずに、この免罪符を買えば帳消しというわけです。

教会は免罪符を乱発し、人々はこぞって買い求めます。教会の懐は確かに潤いました。

しかし、本来の罪を償うという意味はすでに失われてしまいました。誰も罪を償うために神に許しを乞うことは、もうありません。お金さえ支払えば罪を償えるのですから。教会は宗教の儀式を行う場所ではなく、いうならば免罪符販売所といったところでしょうか。そんな状況を見かねて意義を唱えたのが、あのマルティン・ルターだったのです。それが口火となって、ついには宗教改革へと発展していくのです。

お金で社員をコントロールしようとし、罪の意識をお金で清算してしまうとするようなことは、まさに５００年前に起きた宗教改革のような混乱を社内に引き起こしてしまうのかもしれません。

第三章　給料制度はどう設計すればいいのか

ここまで、給料で社員をコントロールすることも、また罰によってコントロールしようとすることも、うまく機能するケースは限定的であって、むしろそれ以上に弊害が生じてしまうということを紹介してきました。では、解雇もない、給料も平等に定額を支払う制度であれば、それはうまく機能するのでしょうか。

■平等な給料は公平ではない

社員の雇用が保証され、給料も平等に支払われ、資本家たる社長の下で隷属的に働くのでもなく、ある種、労働者にとっては理想ともいえる国家がかつて存在しました。そんな国があったら、きっと人々は仕事に精を出し、幸福で経済的にも発展したことでしょう。ところが、現実は違いました。その国は一九九一年、わずか1世紀を待たずに崩壊してしまったのです。もうみなさんお分かりですね。その国とは、ソビエト社会主義共和国連邦とそれを中心とした東ヨーロッパを含む共産主義圏の各国でした。もちろん、ソ連が崩壊した理由には様々な要因が考えられますが、その大きな理由の一つに労働生産性の低下というものがあげられます。

前章まで、社員を給料でコントロールすることはかえって弊害を生じさせ、生産性が低下するという話をしてきました。そうであるならば、なぜ平等に給料が支払われ、雇用も保証されている国が崩壊してしまったのでしょう。当時は定型的なルーティンワークが多く、アメとムチによる雇用管理の方が適していたからでしょうか。そうではありません。実は、その平等な給料に問題があったのです。要するに朝から晩まで真面目に仕事に取り組もうが、怠けていようが給料が同じだったからです。そうであれば、おのずと怠けていた方が得ということになってしまいます。やがては生産性も低下していきます。

なかには社会的意義や、仕事そのもののやりがいから真面目に仕事に取り組んでいた社員もいたでしょう。しかし給料が同じであれば、それは暗に「あなたの仕事の価値は、怠けている社員と変わりませんよ」と言っているようなものです。それではいくら内的報酬があったとしても、徐々に減少していき、いずれはやる気も失ってしまいます。たとえ給料のために働いていているわけではなかったとしても、自分の頑張りが結果としてどう反映したのか分からなければ、人は動機づけされません。自分自身に価値が見出せないのです。

そのような給料制度には不公平感だけが残ります。給料が同じでは、真面目に取り組んでいる社員は面白くありません。これは前章のフリーライダー問題でも触れた点です。公平にするためには、怠けている社員の給料を下げるか、真面目に取り組んでいる社員の給料を上げるかの調整が必要です。

確かに共産主義国の給料は平等でした。しかし公平ではなかったのです。

給料には金銭的な意味のほかに、仕事に対する価値としての〝指標〟という意味が含まれています。それは社員に対して「これだけ会社に貢献してくれた」「これだけ頑張って働いてくれた」という、いわばメッセージのようなものです。それを通じて自分の仕事の価値を知ることができ、ひいては「自分はできるんだ」という自信にもつながります。しかし何も評価せず、ただ一律の給料では、やがてやる気は失せ、生産性も低下してしまうことを歴史が物語っているのです。

■給料が持つ意味

心理学者のアブラハム・マズローは、かつて人の持つ欲求を五つの段階に分け、「欲求五段階説」を唱えました。この説には様々な批判があるものの、同意できる点も多くあります。有名な説なのでご存知の方も多くいらっしゃると思いますが、確認の意味も含めて説明しますと、一番下位の欲求が「生理的欲求」です。生きていくための本能的欲求で、食事や睡眠などがこれに該当します。二段階目の欲求が「安全欲求」です。安全欲求はその名のとおり「健康でいたい」「安全に暮らしたい」といった生きることを脅かされたくないという欲求です。次に現れる三段階目の欲求が「社会的欲求」です。「集団に属していたい」「仲間と一緒にいたい」といった人間関係のなかでの所属感を指します。四段階目の欲求が「承認欲求」で、自分が「価値ある存在として認められたい」または「尊敬されたい」という欲求です。そして最後に登場する五段階目の欲求が「自己実現」の欲求です。自らが定めた「あるべき自分になりたい」という欲求です。

アメリカを代表するバイクメーカーにハーレーダビッドソンがあります。日本でも中高年を中心に人気が高まっているようです。よく高速道路などでいかつい革ジャンを着た（けれど意外と紳士な）おじさんたちをよく見かけます。若者のバイク離れが進んでいる日本で、なぜハーレーはこれほどまでに市場に浸透していったのでしょう。決して価格が安いわけではありません。むしろ日本のバイクメーカーより高いくらいです。一台平均２０

0万円くらいはします。さらにそこに何十万円、何百万円ものお金をかけて改造をするというのですから、もはやちょっとした高級車並みです。そんなに値段が高いのなら、よっぽど性能も優れているのかというと、決してそうでもありません。確かにバイクとしての基本性能は十分に高いと思いますが、日本のバイクメーカーと比較してそれほど大きな違いは見当たりません。カタログに載っている燃費やパワーといったスペックだけをみれば、むしろ劣っているところもあるくらいです。けれども人々を魅了し続けるのです。バイクという乗り物としての、A地点からB地点に移動するという目的だけではない、別の魅力がそこにはあるのです。

バイクとしての本来の機能である「走る、止まる、曲がる」といった基本性能は、ハーレーも国内メーカーも満たしています。先に述べたマズローの欲求五段階説でいえば、第一、第二段階目の欲求は満たしているということになります。しかしその上の階層にある欲求が、ハーレーと国内メーカーとでは違うのです。

ハーレーには、「ハーレー・オーナーズクラブ」というハーレーのオーナーたちが集まるコミュニティがあり、一緒にツーリングを楽しんだり、イベントに参加したりすることができます。年齢も職業も社会的地位もまったく異なる人たちが、ハーレーというバイクを通じて交流します。そこには一種の絆のようなものさえあります。ハーレーに乗る人たちは、見た目も違います。革ジャンを着こなし、バイクのハンドルをわざと高い位置に設定し（むしろ運転しづらいぐらいに）、マフラーからはドドドッーと重低音が響き渡ります。一歩間違えれば昔の暴走族です。彼らは注目を集めたいのです。周りからその存在を良くも悪くも認めてもらいたいのです。しかしそこから先は、もはや自己満足の世界です。奥さんからは「こんなガラクタに何十万円もお金をかけてバカじゃないの！」「いい歳して、ご近所様から笑われるわよ！」そんな言葉をいくら言われても関係ありません。ハーレーに乗ることが、ハーレーに乗っている姿が、自分自身だからです。ハーレーが自分自身を体現しているのです。彼らはバイクを買っているのではありません。〝ワイルド〟を買っているのであり〝ハーレー〟を買っているのです。

前置きが長くなりましたが、私たちの社会は豊かになりました。毎日高級レストランに行かないまでも、体を維持するだけの栄養を摂ることは、よっぽど貧しくない限り十分できます。狩りをするために危険なジャングルへ出かける必要もありません。いつ襲ってくるか分からないサーベルタイガーにおびえる必要も、降りつける雨風に体を寄せ合いながらしのぐ必要もありません。

一般的な企業に就職すれば、給料の大小はいくらかあるにせよ、とりあえず生活していくことはできます。けれどそれだけでは不十分です。仮に生活保護費を受けられれば、最低限の生活は保障されるかもしれませんが、それでは満足できません。会社という組織を通じて社会とつながっていたいとも思いますし、できればもっとたくさんの給料ももらいたいと思います。もちろん贅沢をしたいということもあるでしょうが、それだけではなく、毎年給料がいくらかずつでも昇給していくことに、自分自身の成長すら感じます。経験年数を追うごとに出世し、それに伴い給料が上がることは、自分自身の社会的地位が高まったことを間接的に表しているのです。

さらに重要なことは、自分の行った仕事に意味があったのか、自分は役に立ったのかということです。ちょうど会社の利益と似ています。会社の利益は単なる利潤ではなく、自分たちの行っている事業が正しいのか、顧客から望まれているのかを判断するためのいわば〝モノサシ〟です。もし利益を上げられていないのであれば、事業の見直しが求められます。それと同じように給料もいわばモノサシです。自分の働きに応じた成果として、給料が示される必要があります。給料には金銭的な意味以上のものが含まれているからです。

もし、もっとも上位の「自己実現」に達した社員なら、給料はあまり関係ないかもしれません。そういった社員は給料のためではなく、自分が信じた会社のビジョンを実現するために働きます。それが自分自身を体現するからです。しかしそこに至るには、少なくとも一定水準以上の給料が保証されていることが条件となります。逆に、十分に家族を養えないような給料しか支払っていないのであれば、会社のビジョン実現のために全力を出すことはできないでしょう。会社は、社員が給料のことを心配しなくて済むようにしなければいけません。少なくとも自己実現を目指す社員には、給料は必要十分に、そして意味あるものとして支払わなければいけないのです。

社員は、単なる金銭的な欲求のためだけに働いているわけではないのです。

■昇給制度

多くの会社では、勤続年数が一年増すごとに給料が昇給する、いわゆる定期昇給制度を導入しています。まだ若い入社したての頃は給料は低いですが、年齢とともに給料も徐々に上昇する制度は年功序列賃金ともいわれます。年齢を重ね、家族ができ、家庭の支出も徐々に増えていくことを考えると、年功序列賃金には一定の合理性があります。また在籍年数に応じて増えていく給料は、転職することによってリセットされ、また一からやり直さなくてはならない恐れがあるため、社員を引き留めておくのにも効果的です。その他、前述したとおり社員の経験やスキルの上昇に伴い給料も昇給していくということは、社員にとっても成長を感じることができます。そのような様々な理由から、年功序列賃金は一般的に広く浸透している制度といえます。

以前から、年齢や勤続年数ではなく、もっと能力や成果に連動した給料を支払ってはどうかという議論があります。確かに公平性の観点からすれば、もっともな意見です。また日本の年功序列賃金が企業間の労働移動（転職）を妨げる一因になっているという指摘もあります。しかしその反面、その時々の成果に応じてプロスポーツ選手のように年俸制によってアップダウン（むしろ加齢により年俸は下がることも）する制度は、一般のサラリーマンにとってはあまり適さない制度ではないでしょうか。

医師であるスティーブン・ヒギンスは、喫煙者を集め五日間の禁煙チャレンジを行いました。喫煙者は無作為に二つのグループに分けられ、それぞれのグループには別々のインセンティブ・プログラムが用意されました。最初のグループには、吐息テストで禁煙が確認されると、毎日10ドルがもらえるプログラム。もう一方のグループには、最初は3ドルから始まり、一日ごとに50セントずつ報酬が増え、三日禁煙が続くとボーナスとして10ドルがもらえるプログラムです。さて、どちらのグループの方が多く禁煙を継続できたでしょうか。もらえる報酬総額だけをみれば、前者の毎日10ドルずつもらえるグループの方が大きくなるはずです。しかし結果は、後者の少しずつ報酬が上昇していくグループの方が、最後まで禁煙を続けられた人が多かったのです。毎日定額で報酬がもらえるグループは、喫煙開始時には禁煙率が高かったのですが、日が経つにつれ禁煙率が低下していきました。一方、少しずつ報酬が上昇するグループは、当初は禁煙率が低かったものの、途中脱落する人が少なく、最終的には禁煙を続ける人が多かったのです。途中のボーナス報酬も含め、定額で報酬をもらえるよりは、徐々に報酬が増えていく方が、インセンティブとしては効果がありそうです。

禁煙チャレンジの実験は五日間という短い期間でしたが、経済学者のローワンスタインらが行った調査では、6年間の給料の受け取り方を三通りに分け、どの受け取り方がいいか、一般の人々に次のような質問をしました。

㈠　最初は低いが徐々に上昇する
㈡　定額で支払われる
㈢　最初は高いが徐々に下降する

どの質問も受け取る給料総額はまったく同じです。結果は㈠の「徐々に上昇する」がもっとも多く選ばれました。けれども、もっとも合理的な選択は㈢の「徐々に降下する」のはずです。なぜなら、最初から多く給料をもらえれば、仮に途中で退職しても有利だからです。またその給料を預金しておけば、わずかながらでも利息も付きます。しかし、この選択肢を選んだ人はわずか12％にすぎませんでした。おそらく、長く会社に勤め、経験や貢献度は上がっていくのに、給料が逆に下がっていくということは〝悪くなっていく〟ことだと認識したからだと考えられます。

以上のことからも、勤続年数に応じて昇給していく制度は、決して不合理なものとはいえません。短期的な成績は賞与で還元するとしても、長期的な要素については基本給等に反映させ、昇給させる制度の方が好まれます。

もちろん、将来給料が確実に増えていくという保証があることが前提です。保証がなければ、給料が上昇していく選択肢を選ぶ人は少なかったでしょう。なぜなら将来が不確実なら、できるだけ最初に多くの給料を受け取っておこうとするはずだからです。将来性が見込めるから、社員は安心して待っていられるのです。ディズニーランドのアトラクションも待ち時間が分かるから、長い行列にも素直に並びます。もし待ち時間が分からなかったとしたら、客はイライラし、苦情を訴えるかもしれません。

昇給制度をインセンティブとして機能させ、社員に安心して働いてもらうためには給料規程等を整備し、勤続年数であれ、あるいは評価結果によるものであれ、会社の経営がよっぽど苦しくならない限りは昇給していく制度を、社員と約束しておく必要があります。さらにいえば、どういった場合に昇給するのか、また降給するのかを明確にして定めておくことも必要だといえます。

給料水準は相対的に決まる

新聞やテレビのニュースでも春闘ベースアップ○○円とか、賞与が何か月分とか、私たちはその動向に注目してしまいます。なぜ、よその会社の給料がそんなに気になるのでしょう。それは私たちが給料を絶対額ではなく、相対額で認識しているからです。

ある年収2,000万円の証券会社の社員が、上司に給料のことで不満を言いました。自分の給料は少なすぎると。年収と幸福度の関係は概ね700万円程度を超えるとほとんど比例しないという統計データはたくさんあります。そう考えても、年収2,000万円といえば十分な報酬です。なぜ不満かと上司が尋ねると「隣の席の自分とたいして変わらない働きぶりの同僚が、2,100万円もらっているからです」と答えました。そうです。給料の絶対額が低くて不満を言っているのではありません。周りと比較した相対額で不満を漏らしていたのです。

給料の多寡はいつも何かと比較されます。隣に座っている同僚、同業他社、昨年の自分の給料、会社の業績、様々なものと比較しながら判断しています。

今年、昇給が2万円実施されたとしても、昨年3万円行われていれば、不満にならないにしても、少ないと感じてしまいます。同世代の別の会社に勤めている友達の給料を知ったからといって、自分の給料が変わるわけではないのに、気にせずにはいられません。いくら高い給料をもらっていても、それ以上に会社が利益を独り占めしていれば、社員は不公平だと感じます。

さらに例をあげると、例えばあなたの年収が100万円増加したとします。あなたは、もしかすると飛び上がって喜ぶかもしれません。けれどそれはあなたの年収が300万円だった場合の話です。もし年収が3,000万円だったら、喜ぶことは喜ぶにしても、そこまでうれしくないかもしれません。同じ100万円であったとしても、年収300万円の人にとっては3分の1にあたりますが、年収3,000万円の人にとってはわずか10分の1だからです。

私たちは給料は絶対額ではなく、常に何かと比較しながら相対的にその価値を判断しています。そのため、企業は常に様々な事柄を比較検討しながら給料水準を決定する必要があります。社内のバランスはもちろん、世間相場も大切になってくるわけです。

比較されるということを考えれば、会社の利益をきちんと社員に伝えないことはあまり得策とはいえません。なぜなら比較対象となる利益がよく分からなければ、社員は会社に不信感を抱いてしまうからです。逆にきちんと会社の利益を伝えていれば、たとえ業績が悪化したときでも、社員の同意は得やすくなります（もちろん利益を正しく伝えることにはそれ以上の効果があります。会社の利益は、前述でも述べたように〝モノサシ〟だからです。自分たちが組織として行動した結果が、どう会社に反映し、貢献できたかを知り得なければ動機づけはされません）。特に業績と結びつきの強いボーナスの増減については、社員の納得感は得やすいです。会社の利益が減っているときにボーナスが減らされるのは「やむを得ない」と社員も理解してくれます。

日本企業の社員の年収に占める賞与の割合は、海外の先進諸国と比較しても結構高いようです。ヨーロッパなどでは、年間で月給の1か月分程度しか賞与は支給されず、まったく支給されないケースも多くあります。日本の失業率が不景気時においても比較的低いのは、調整可能なボーナスのおかげだという説もあります。

いずれにせよ、給料は絶対額ではなく相対額で判断されます。そのため会社が給料水準を決めるときには、様々な比較対象を視野に入れておく必要があります。そしてその対象は明確にしておいた方がいいのです。そうでないと、会社に不信感を抱きます。会社の業績を正しく伝え、給料制度を明確にし、社員が不信感を抱かないようにする必要があるのです。

■成果と給料

最も高い成績を取った社員と、平均的な成績の社員とのボーナスや昇給の差は、概ね1・5倍から2倍くらいに設定している会社が多いのではないでしょうか。平均的な社員のボーナスが基本給の2か月分なら、優秀な社員のボーナスは3か月分といったことです。しかしこの倍率は、実際の成績と比較した場合、必ずしも正しく相関しているとは限りません。

今までのような定型業務であれば、2倍程度のボーナスの違いは、決して不合理な方法ではありませんでした。2倍も差があるといえば、むしろ思い切った評価かもしれません。やり方が決まっていて繰り返しの作業であれば、どんなに手が早く実力があったとしても、平均的な社員と優秀な社員との差は、せいぜい1・5倍から2倍程度だからです。仮にパソコンにデータを間違えず入力する作業を想像してみてください。どんなに正確で入力が早いスタッフがいたとしても、おそらく標準者との差は2倍以上には開かないでしょう。ところが、創造的な仕事であればその差は何倍にもなります。

例えばシステム・エンジニアやソフトウェア・プログラマーは、創造的な仕事の部類に入ると思いますが、グーグルでは優秀なエンジニアは平均的なエンジニアの300倍の価値があると言っています。実際の調査においても、優秀なエンジニアやプログラマーは、会社に多大な貢献をしているという結果が出ています。同じホワイトカラーであっても、職種によっては、優秀な社員と平均的な社員とでは何百倍もの格差が生じているということです。

一般的によくいわれる社員の分布は、平均的な社員が全体の6割、優秀な社員が2割、劣る社員が2割というものです。しかし、実際にはそのような正規分布は存在しません（少なくともクリエイティブな企業では）。それは人為的な相対評価によって作り出したものであって、現実には超優秀な社員が数パーセントいて、残りの社員は平均くらいか、もしくは平均以下というのが正しい分布です。社員の成績は正規分布するのではなく、パレート分布するのです。

パレート分布とは、パレートの法則（2：8の法則）としても知られていますが、例えば「本屋の売上の8割は、2割の雑誌によって占められている」「売上の8割は、全従業員のうちの2割で生み出している」といったものです。要するに優秀な社員と平均的な社員の成績には、大幅な開きがあるわけです。グーグルのような企業であれば、超優秀な社員と、そうでない社員とでは何百倍もの差が生じていてもおかしくはありません。そのためグーグルでは、実際に優秀な社員に対し多額の報酬を支払っています。

もしかするとあなたの会社では、今はそこまで極端な社員間の開きはないかもしれません。しかし、人工知能やロボットの進化により、人に求められる仕事がよりクリエイティブなものにシフトしていくとしたら、前述のような現象が現れてくるかもしれません。

■手続きは公正に

しかしながら、仮にそうであったとしても、日本の中小企業でそこまで給料に差を設けることはあまり現実的とはいえません。成果とそれに対する賃金の配分といっても、今日ではチームで業務をすることがますます増えていますし、短期的な売上だけが必ずしも成果とはいえないからです。仮に、ある程度まで正しく評価ができ、給料を衡平に配分することができたとしても、社員間の納得を得られるかは別問題です。とはいえ、本当に優秀な社員を確保し続けるうえでは、ある程度の格差は残しつつも、違ったアプローチで公正性を担保する必要がありそうです。

そこでひとつ考えられるのが「手続き（過程）の公正性」です。評価の手順や基準、プロセスを明確にし、一貫した方法で、できるだけ偏見のないような公正な評価を行うという考え方です。

例えば裁判官が容疑者に判決を下すときは、法律であったり判例などをもとに判断します。納得いかない場合は控訴や上告ができるにしても、その判決には一定の合理性と納得性があります。仮にその結果に不服だとしても、裁判官を逆恨みするようなケースは稀ですし、法律そのものが違憲だと訴えることもそう多くはありません。しかし、もし何の基準もなく裁判官の個人的見解によりその都度判決を下しているとしたら、多くの人が納得いかないでしょう。昇給や賞与も社長や上司の独断と偏見で行っているとしたら、その社長や上司に強いカリスマ性でもあれば別ですが、そうでなければ社員は不信感を抱きます。

昇給や賞与も法律のように、一定のルールに基づいて行うようにすることが必要なのです。評価に関する規程を作成し、それを公開し、評価について上司と部下が話し合える仕組みを作っておくことが大切です。そのように、昇給や賞与を決定するまでの〝過程を公正にする〟ということです。もちろん、裁判官とまではいいませんが、評価する上司はその評価システムを正しく理解し、考課者訓練等を定期的に行っておくことはいうまでもありません。

将来の退職金より目の前の現金

退職金について少し触れておきましょう。

突然ですが、質問です。あなたは次の二つのうちどちらがいいでしょうか？

A　100日後に10万円もらえる

B　103日後に10万1、000円もらえる

この質問に多くの人はBと答えると思います。しかし、次の質問ならどうでしょう？

C　今すぐ10万円もらえる

D　3日後に10万1、000円もらえる

いかがでしょう。この質問に変えると、Cを選択した方が増えたのではないでしょうか。しかし、どちらの質問も同じ3日後で1、000円の違いです。にもかかわらず、近いことなのか、それとも先の将来のことなのかで答えが違ってくるのです。将来のことは100日も103日もどちらもたいして変わらないと感じますが、目の前に来るとわずか3日

でもその価値の差を大きく感じます。このように近づくにつれ価値の割引率が高くなることを経済学では「双曲割引」といいます。数日辛抱すればお金が増えるのに、目の前に見せられると待てなくなってしまうのです。

このことは、退職金にもそのまま当てはまります。以前、松下電器が退職金の前払いを選択できる制度を導入しました。将来もらう退職金を、毎月の給料として先にもらうことができます。ちなみに退職金として受け取った方が割増されますし、税制面や社会保険料などにおいてもかなり優遇されます。けれども、結果は44％が「前払い」を選択し、その割合は年々増え続け、4年後には60％を超えたそうです。将来の高い退職金よりも、たとえ目減りしてもすぐにもらえる〝今〟の給料を選んだのです。

人はキリギリスではないですが、老後に備えてお金を十分に蓄えておくのは、どうやら苦手のようです。ですから、会社としてきちんと社員のために退職金を積立ててあげる必要があるということです。しかし逆にいうと、将来もらえる退職金は、従業員にとってインセンティブとしての効果は薄いということになります。退職金をインセンティブとして機能させたいのであれば、現在の積立額を年に一度くらいは明示した方がいいでしょう

（なかには、それを見て退職してしまう人もいるかもしれませんが、それは少数派でしょうし、そんな社員はこちらからお断りです）。社員は毎年積立額の明細をこっそり見ながら、ニヤニヤしているかもしれません。

■現金ボーナスとプレゼント

そもそも社員に渡すボーナスだったり手当は、現金がいいのでしょうか？　そうではなくてプレゼントだったらどうでしょう。例えば旅行や高級な食事会、高性能な掃除機などです。まあ、おそらく事前にアンケートを取れば、多くの社員はプレゼントより現金を好むでしょう。もちろん給料の全部が現物支給だったら社員は怒ってしまいます。そうではなくて、特別に貢献してくれた社員に感謝の念を伝えたり、大変なプロジェクトを達成したときのお祝いに、現金ではなくプレゼントを渡すという提案です。

グーグルでは報酬の一部を、従来の現金報酬から旅行や社内パーティーに変えてみました。すると、事前のアンケートでは過半数以上が現金を望んでいたにもかかわらず、実際にプレゼントを渡してみると、現金でもらうより楽しさも増し、印象にも強く残るという結果が得られました。さらに5か月後、再び調査をしてみると、現金で報酬を受け取った場合は満足度が低下したのに対し、〝旅行〟を受け取った側は、満足度が以前よりさらに上がっていたのです。現金は様々な物やサービスに交換できるいわば万能薬です。普通に考えれば現金の方が満足度は上がりそうですが、何にでも化ける万能薬ゆえに何も残らなかったのです。

現金を渡されると市場規範（損得勘定）が働きます。「自分の成果に見合った報酬か」「普段の給料より高いのか」、あるいは「このお金で何が買えるのか」を計算してしまいます。確かにお金をもらえればうれしいとは思いますが、なにか味気なくドライな感じがします。

一方、〝経験〟や〝モノ〟で報酬を受け取ったグループは、それをそのまま仕事の成果に対する〝評価〟として素直に受け取り、旅行や食事を楽しんだのです。例えば、夫は家族のために生活費を毎月家に入れます。しかし、だからといって妻の誕生日にも現金を渡したらどうでしょう。そこには何も残りません。一歩間違えれば、第一章で紹介した一晩共にした彼女に翌朝現金を渡したような事態になりかねません。しかしプレゼントであれば、そこには〝想い出〟が残ります。金銭的価値以上の〝経験〟と、送った側の〝気持ち〟がそこにはあるからです。

インセンティブという視点から考えても「お金のためにがんばるぞ！」と「みんなで成果を出して今年は温泉旅行にいくぞ！」とでは、どちらが社員の士気が高まるでしょう。お金だとなんだか後ろめたい気持ちになりそうです。温泉旅行なら、仮にプライベートではあまり温泉なんて行かなかったとしても、なんだか気分が高まります。経営学者のスコット・ジェフリーが行った実験でも、現金よりマッサージ券のような物を報酬として設けた方が、取り組んでもらった課題において、高い成績を上げたという研究結果もあります。

お金は確かに万能薬です。しかしだからこそ、無機質なのかもしれません。

その昇給に込められたメッセージ

私が今の事務所に入ってまだ間もない頃、ある製造業の会社を担当することになりました。社員は20名程度ですが、創業以来40年間一度も赤字になったことはなく、無借金経営の超優良企業です。ただし、そこの社長はとにかく怖い人で、仕入先には厳しい条件を求めますし、社員にも滅多に甘い顔は見せません。私もその会社に行くときは、いつもドキドキしながら気を引き締めて訪問していたことを、今でも思い出します。

そんな怖い社長なので、若い社員は離職してしまうのではないかと思われますが、私の担当していた数年間、誰一人として退職した社員はいませんでした。確かに怖い社長ではあるのですが、どこかみんな社長を尊敬しているような、そんな感じすらあるのです。「どうしてだろう」と疑問に思っていましたが、リーマンショックのときにその理由がようやく分かりました。

今まで順調に経営を続けていた同社でしたが、リーマンショックの影響を避けることはできず、売上は4割以上さがり、社員のボーナスも大幅にカットせざるをえない状況でした。私が会社に訪問すると、社長は自らの役員報酬を4割カットしていました。役員報酬を変更するには法律的な手続きが必要なため、いつもなら相談しながら変更しますが、今回は社長の独断で勝手に減額していたのです。私がそのことを指摘すると、社長はただ「役員報酬変更の手続きを頼む」とだけおっしゃいました。

一年近く厳しい経営状況が続きましたが、何とか持ち直し、決算もどうにか黒字で終えることができました。ちょうどそのころ訪問する機会があり、社員の給料をチェックしていたときです。ふと目をやると、例年にも増して全社員が大幅に昇給されていたのに気づきました。確かに、リーマンショックから立ち直ってきたとはいえ、まだまだ先行きが不透明な時期です。「なぜ?」そう疑問に思いながら、長年勤めている総務のベテランの女性に「すごく昇給したんですね？」と尋ねると、「そうなのよ。たぶん昨年賞与が十分に支給できなかったからだと思うわ」と答えました。私が納得いかないような顔をしていると「もしかすると高山さんには、うちの社長は厳しいだけの人に見えているかもしれないけど、実はそんなことないのよ。義理堅いというか、すごく人情に厚い人なの」そういうと、給料明細に目をやりながら「社長の給料はカットしたままなのに…。もちろん社長はそんなこと一言も私たちには言わないけれどね。そんな社長だからみんな黙ってついていくのよ」と、その言葉にはどこか社長を慕う気持ちがにじみ出ていました。

このとき、なぜ社員が誰一人と辞めないのか、中小企業の6割以上が赤字のなか、なぜ利益を出し続けているのか、その理由がようやく分かりました。社員に業績に応じた給料を支払っているからではありません。もちろん昇給が多かったからでもありません。その昇給には、金銭以外のメッセージがこもっていたのです。不器用な社長なので、決して口にはしないと思いますが、おそらくそこには「ボーナスを十分に払えなくて申し訳ない。けれどなんとかリーマンショックは乗り越えたから安心してくれ」そんな言葉が込められていたのだと思います。そのメッセージが、内情を知っている総務担当者だけでなく、全社員の心にも届いていたのでしょう。

クリエイティブな仕事がより求められるこれからの時代、昔からある給料で社員をコントロールする手法は、今までのような効果を上げなくなってくるでしょう。だからといって、給料がどうでもいいといっているわけではありません。いくら仕事が充実していたとしても、低い給料には明らかに不満を抱きます。

そうではなく、給料には金銭的な価値以外の意味が込められているのです。社員の能力を象徴したり、仕事の価値を示したり、社員のアイデンティティやプライドの源泉にもなります。会社から支払われる給料は会社からのメッセージであり、またシンボルとなり得るのです。

第四章　目標疲れにならないための目標管理

期末になると、翌年度の事業目標や個人の営業目標などを立てる会社も多いと思います。なかには「目標に向かってがんばるぞ！」と、みんなの目に留まるところに目標を貼り出している会社もあるかもしれません。ところが、元気よくいき込んでみたものの、いつしかその貼り出した目標も景色の一部となり、年度末になって目標未達に慌てふためいた経験をお持ちの方もいらっしゃるかもしれません。なぜ、あんなに張り切って作った目標が達成されなかったのでしょう。最初はあんなにやる気だったのに…。それは、実は一生懸命に立派な目標を立てたことが原因かもしれません。

■ 立派な目標を立てると、いい気分になってしまう

こんな研究結果があります。「過去に気前よく寄付をしたことを思い出した人の方が、

思い出さなかった人より、寄付金額が6割も少なかった」「ボランティア活動をすることを想像しただけで、ご褒美に自分のために何か買い物をしたくなった人が増えた」このような、何か良い行いを思い出したり、考えただけでいい気分になってしまい、自分を甘やかしてしまうことを、心理学者のケリー・マクゴニガルは「モラル・ライセンシング」と言っています。その前に実行したちょっといい行為に気を良くして、その後にやらなければならない本来の目的を怠けてしまうのです。

同じことが目標を立てるときにも起こります。あれこれ次年度の目標のために分析をし、会議で発表するためにパワーポイントで資料を作成します。メンバーでわいわいがやがや盛り上がりながら作成しているときは、気分もいいですし、これで次年度はきっといい結果が残せるに違いないと考えてしまいます。ところが、そういった立派なプレゼン資料を準備するチームほど、年度末になってその目標が未達成となっていることが少なくありません。なかには、どんな目標を立てたかさえ忘れてしまっているメンバーもいます。みんな目標をつくることそれ自体がある意味目標となってしまい、まだ何もしていないのに、すでに目標を達成した気分になってしまっているのです。そんな経験にみなさんも身に覚えがあるのではないでしょうか（パワーポイントのできばえや内容は本当に立派なのですが…）。

もっと困ったことには、それを会議で声高々と発表なんかすると、結果はさらに悪いことになってしまいます。

社会心理学者のピーター・ゴルビツァーの行った実験では、二つのグループにある課題をやってもらいました。一つ目のグループには課題を行うにあたり目標を書き、それを発表してもらいます。もう一方のグループは目標をただ書くだけで誰にも何も言いません。時間はそれぞれ45分ずつ与えられ、目標に向かって取り組んでもらいます。途中で嫌になったときは、いつでも中断することができます。さて実際に課題に取り組んでもらった結果はどうなったでしょうか？

普通に考えれば、目標を発表したグループの方がいい結果を残しそうです。ところが結果は、何も公言しなかったグループの方が課題を時間いっぱいまで一生懸命取り組み、目標に近づこうとしました。一方、目標を発表したグループは平均33分を過ぎたところで課題をやめてしまっていたのです。

課題の終了後、目標を公言しなかったグループにインタビューしてみると「まだ目標到達には足りない」と答えたのに対し、目標を発表したグループは「もうゴールにだいぶ近づいた気がする」と答えました。目標を発表したことにより、そこである程度の満足感を得てしまっていたのです。

私たちは、目標は紙に書き出して張り出したり、公言する方がいいと、少なからず教わったと思います。ところが一概にそうともいえないようです。有言実行はかっこのいいことですし、そうしようと努力する一面はありますが、逆に口だけで終わってしまう人が多いのもうなずけます。

たいそうな目標を会議で自信満々に発表して、発表した本人も満足げです。ところが期末になって「あのとき発表した目標はどうなったんだい?」と聞くと「そんなこと言ってないよ」と、たいていは自分に都合よく忘れてしまっています(口の達者な人ほどあまりあてにはできません…)。

■目標は達成したけれど…

私の事務所でも毎年、年間の売上目標を設定します。私も前職で営業をやっていたときは、毎月の売上目標ともいえるノルマが課されていました。ところが目標を達成するために一生懸命取り組んで、期間内に目標を達成してしまうと、ある誘惑に駆り立てられます。「もう目標に達したのだから、しばらく休んで売上数字は来月のためにとっておこう」という甘い誘惑です。やればもっとできるはずなのに、手を抜いてしまうのです。

心理学者のB・F・スキナーは、この現象を「定比率強化スケジュール」で説明しています。一定の決まった回数の行動をとるごとに報酬が与えられた場合、人はどう動機づけられ、どう行動するかという研究です。この一連のスケジュールで動機づけされると、最初は一定ペースで休まず行動しますが、いったん報酬を得るとしばらく休むというパターンがみられます。例えば作業員が100個製品を作るごとにボーナスをもらえるケースで考えてみましょう。製品が100個に近づいてくるとボーナスがもらえる期待が高まりますので作業のスピードはあがります。しかし、その後100個をクリアしてしまうと、そこでいったん満足してしまいます。するとモチベーションは低下し、しばらくの間のんびりしてしまいますが、またしばらくすると作業を始め出すという一連の行動です。

経済学者のコリン・キャメラーは、雨の日のタクシードライバーを例に、同じようなことを指摘しました。

タクシードライバーの給料は出来高払制が多いため、日々の売上目標を設定しています。雨の日は客数が多いため、晴れて暇な日より手っ取り早く短時間で多くの売上が稼げます。つまり雨の日は時間あたりの効率はいいわけです。そのため客数も多いですが、タクシードライバーも同じくらいせっせと働きに出ていて、タクシーの台数も多いはずです。ところがなぜか遅い時間になると、いつもよりタクシーが走っていないことに気づきます。一体どういうことなのでしょう。なんと彼らは早い時間に目標を達成してしまい、さっさと仕事を切り上げてしまっていたのです！（本来であれば、効率よく稼げる雨の日に遅くまで働く方がより合理的なはずなのに）。目標はがんばって達成しなければならないけれど、必ずしも上回る必要はないということなのです。そして、ますます雨の日にはタクシーがつかまりづらくなっていきます。

そもそも何のための目標だったのでしょうか。当初の目的は何だったのでしょう。そんなことはいつの間にか忘れてしまい、目標を達成することそのものが目的となってしまっています。タクシードライバーであれば、本来は生活のための給料を稼ぐことが目的だったのでしょう。私の事務所なら、もっと市場を開拓し付加価値を高めることが目的です。そうであれば、目標の売上数値を達したからといって、次年度に繰り越す必要はないはずです。今期の目標はあくまで一つのモノサシに過ぎないのですから。しかし、定められた目標が一つのゴールとなり、そこで一休みしてしまうのです。

■目標の先を見据える

ここまで読み進めた読者のみなさんはきっと、「目標なんて立てない方がいい」と感じているかもしれません。しかし、これはあくまで目標を設定することの悪い一面であり、良い面もたくさんあります。夢や目標をもたずに事業を続けていくことのほうが、むしろ難しいでしょう。ここからは、目標が単なる目標で終わらせないための方法について考えてみましょう。

私たちは、目標を立てることそれ自体に満足してしまったり、小さな目標を達成して、その先の大きな目標のことを忘れてしまったりしてしまいます。だからといって、到底達成できそうにもない大きな目標を立てても、立てるだけでお腹いっぱいになってしまい、とてもその先の大きな目標にチャレンジしようとは思えなくなってしまいます。ただし、大きな目標であっても、それを細分化し、小さな目標に切り分け、一つずつクリアしていけば、少しずつでも前進し、いつかはゴールにたどり着きます。

マラソン選手が「あの交差点までがんばって走ろう」「あの電柱までは走り切ろう」と走っているうちに、いつの間にかゴールにたどり着くのと同じです。マラソン選手は交差点にたどり着いたからといって、足を止めることはありません。それは、その先にある最終ゴールを見据えているからです。私たちも、たとえそれが目標を立てるときであっても、小さな目標を達成したときであっても、その先にある最終ゴールをいつも見据えていなければいけません。そして、小さな目標の先にある大きな目標や目的をしっかりと持っていなければいけないのです。〝ゆっくりでも進む〟ことと〝低い目標〟は違うのです。

大志を抱け

私たちは、長期の目標や目的を打ち出すとき「あまり大きな目標を立てて、達成できなかったら評価が下がる」とか「自分にはそんな実力はないよ」などといって、本来の能力より低い目標を設定してしまうことがあります。目標の到達度が評価とリンクしている会社ならそうなるのも無理はないかもしれません。しかし自分の思っている以上に、自分自身の能力は高いのです。

筋トレをした人なら分かると思いますが、最初は40kgのバーベルを持ち上げるのすら、普段運動不足のメタボ体型には苦痛です。ところが毎日持ち上げているうちに、徐々に体が慣れてきて、40kgが50kgに、ついには80kgでも持ち上げられるようになった経験のある人もいるのではないでしょうか。筋力は筋肉の断面積に比例しますので、筋肉が太いほど筋力もアップします。しかし実際は、それほど筋肉量が増えていない最初の時期でも50kgから60kgへの重量アップは比較的簡単にできます。けれど筋肉の断面積が120％に増えているわけではありません。これは神経支配の筋肉繊維の動員率などにもよるそうなのですが、要するに、今まで使われていなかった筋肉が使われるようになったことにより、それほど筋肉がついていなくても重たい物が持てるようになったということを示します。普段は運動をつかさどる脳の神経経路が、筋肉をかなりセーブしながら動かしているということです。「火事場の馬鹿力」という言葉がありますが、これは、緊急事態に脳がリミットを解除して筋肉を動かしているのです。

マラソンなど極限の状態まで筋肉を使い果たし「もうこれ以上は限界、もう体は動かない」となっても、実は生理的には何ら不具合はなかったことが研究から明らかになっています。脳がエネルギーの枯渇を感知して、強烈な疲労感を意図的に作り出しているだけなのです。私たちの考える限界は、実は脳が作り出している幻に過ぎず、本当の限界はもっと高いところにあります。脳さえできると思えばできるし、できないと思えばできない、ただそれだけのことです。試しに腕立て伏せを20回やろうと思ってやってみてください。多分15回あたりから疲れてくると思います。けれども30回やろうと思って始めれば、15回ではそこまでの疲れはなく、20回を過ぎたあたりから疲れを感じるのではないでしょうか。

このことは、筋肉だけでなく様々なことにいえます。「利益を1億円上げることなんて到底無理」「100人の前でプレゼンするなんて私には無理」そう思えば絶対に無理で、そうなることはありません。でも自分ができると信じたことは時間がかかったとしてもいつかできるようになります。さらにいえば、最初は無理だと思ったことも、あきらめず少しずつ目標に向かってやっていれば、やがてできるように感じてきて、いつか本当にできるようになるのです。

米国の大手国際通信会社ITTのCEOだったハロルド・ジェニーンは、著書「プロフェッショナル・マネジャー」の中で、幼いころ海を見下ろす恐ろしく高い壁をよじ登ったときの冒険を振り返り、次のように述べています。「新しい仕事、新たに引き受けたことはどれも、初めは高い危険な崖のように思われた。それを登り越えるまでは。しかし、登り終えてから振り返ると、もうそんなに険しいとは感じられなくなっていた」

あなたやあなたの部下が立てたその目標は、本来の能力よりかなり低い目標かもしれません。自己の力を信じて、その先にあるもっと大きなゴールを見据えて今の目標を立て直してください。できると思えばたいていのことはできてしまうのです。少しずつでも目標に向かって前進していれば、無理だと思っていたことも、いつかは「できる」と確信に変わるときが訪れるのですから。

■なぜ目先の小さな目標に飛びついてしまうのか

目標管理制度を、賞与や昇給といった社員の処遇と結びつけている会社は少なくありません。半期の営業成績を目標にして、その達成度によって賞与を決定するといった制度です。そういったやり方が本当の意味での目標管理制度といえるかどうかは別として、目標管理制度と社員の処遇とを直接的に結び付けようとすると、何かしらの数値的管理が必要ですし、短期間での成績が求められることになります。すると目先の小さな目標に飛びついてしまうといった現象を引き起こします。

例えば、今期は将来のために商品開発や品質の向上、新規顧客開拓をすべきだとします。ところが半期で成績を上げることが求められていれば、たとえ長期的には他にもっとやるべきことがあったとしても（その方が総体的には売上を向上させることができたとしても）目先の営業成績を上げることに執着してしまいます。それは、第三章でも述べた「双曲割引」により将来の長期的利益を低く見積もり、目の前の利益に飛びついてしまうからです。今月の営業成績の方が1年も2年も先の成績より重要なわけです。ましてや短期間での営業成績が求められているのですからなおさらです。すると、ある顧客には、今は慌てず数か月先にもっと大きな案件の取引も可能だったとしても、小さくても今すぐ契約できるもので済まそうとしてしまいます。また今は無理に大きな契約をせずに、長期的な取引ができるような関係を築くべきところを、無理な契約を押し付けてしまうことさえ生じます。

農家がお米を収穫するためには、田を耕し、肥料をまいて、苗を植え、やっと収穫の時期を迎えます。収穫するまで大切に育てていくことが必要です。まだ実が十分に実る前に採ってしまっては、当たり前ですが十分な収穫は得られません。ましてや来年のための種もみにまで手をだしてしまったら、もう翌年は飢えて死んでしまうでしょう。

ところが、実際にはそれに近いようなことが営業の現場で起きていたりします。企業が存続するためには数字を上げることは絶対に必要です。けれども目先の満腹より、畑を耕したり種もみを大切に保管しておくことも欠かせないのです。目標管理を単なるノルマとして社員に課してしまっては、サバイバル的なその場しのぎの経営をせざるを得ません。二宮尊徳の言葉を借りれば「遠きをはかる者は富み、近くをはかる者は貧す」ということです。

■理想と現実のギャップを埋める

さて、もう一つ目標達成のための方法、心理学者のガブリエル・エッティンゲンが勧めているテクニック「脳内コントラスティング法」を紹介しましょう。これは、自分の理想とする姿と現実のギャップを明確に意識し、そのギャップを埋めるために行動していくという手法です。自分の目標を単なる理想として満足してしまうのではなく、現実の状態として正しく認識し、それでも目標の実現可能性を信じられるなら、直ちに計画、行動に移していくというものです。

理想の自分を思い描くのは楽しいひと時かもしれません。新しい商品の売れ行きは上々で、顧客は増える一方。ついには売上目標も利益目標も達成し、今では年収も一千万円を超えるまでになりました。「あー、僕には明るい未来が待っている」。でもちょっと待ってください。確かに高い目標を立てることは重要ですが、それは目標ではなく単なる理想の「夢」ではないでしょうか。そんな理想ばかりの目標を立ててきた部下がいたとしたら、上司であるあなたは何と答えるでしょう。そう「現実を見ろ！」です。

「現実を見ろ」とは、将来の目標となる姿と現在の状況を明確に認識し、両者のギャップをくっきり際立たせることです。そしてそのギャップを埋め、目標の障害となるものを克服するために、今どう行動していくか計画を立てるのです。ここでの行動計画は、より具体的に立てることがポイントです。「スマートになって思いを寄せている女性を振り向かせる」が最終ゴールであれば「毎日２km走る」「夕食は炭水化物を抜く」というような具体的なインプットとしての行動にまで落とし込むことが、単なる理想で終わらせないためには必要です。

ここで私が考えるポイントとなるのが、将来の目標となる姿や状況を鮮明にイメージすることです。

私たちは現状より悪くなることには対しては、何とかして回復しようと試みますが、現状より良くなることにはそれほど積極的ではありません。例えば給料が10万円減ってしまうとすれば、何とか現状を維持しようと努力します。それに対し、今より10万円増やすということにはそこまで必死には努力しません。その人にとっての基準となる参照点は〝現在〟だからです。現在よりもマイナスにふれるのか、それともプラスにふれるのかによって動機づけが影響されます。これは第二章でも述べた「損失回避」です。

では10万円給料が増えた状態が、本来の自分のあるべき給料水準だと考えていたとしたらどうでしょう。その人にとってはそれが基準であり参照点となります。そうなると現状は本来の水準より10万円マイナスの状態です。するとそのギャップを埋めなくてはならないと強く動機づけられます。

目標を具体的に描き、それが本来の自分のあるべき姿であると認識することが重要なのです。

「人間が想像できることは、人間が必ず実現できる」とは、作家ジュール・ヴェルヌが言った言葉です。想像できれば実現でき、逆に想像できないことは不可能だということです。

ひと昔前までは、人が空を飛ぶなんて科学的に不可能といわれていました。物理的にあり得ないことだったのです。しかし大学も出ておらず、飛行機づくりのための資金も自分たちが営む小さな自転車屋からなんとか捻出し、それでも飛行機づくりに没頭していた二人の兄弟がいました。そうです。かのライト兄弟は、失敗により何トンもの鉄クズを出しながらも、一九〇三年、ついに世界で初めて有人飛行に成功しました。ちょっと前までは、人類が空を舞うなんて夢のまた夢と思われていたにもかかわらず、わずかな資金と十分とはいえない教育と、しかし偉大な目標がそれを実現させたのです。恐らく彼らには、自分たちが飛行機で空を飛ぶ姿が鮮明にイメージできていたのではないでしょうか。

もしあなたが部下を持つ上司なら、部下やあなたのチームが具体的にイメージできるようなストーリー（経営戦略）を語ってあげてください。自分たちに「できる」という自信を持たせてください。目標管理制度は、決してボーナスを決めるための道具ではないのですから。

■最終テスト

さあ、ここまで読まれた読者のみなさんに最後のテストです。このテストをクリアできれば、あなたの目標は現実のものにさらに一歩近づきます。私も目標計画を立てたときは必ず行う最終テスト。「死亡前死因分析」です。

死亡前死因分析は、経済学者のダニエル・カーネマンも自身の著書の中で紹介している心理学者のゲイリー・クラインが考え出した方法です。死亡前死因分析なんていうと、なんだか不吉な名前に聞こえますが、名前のとおり計画が失敗（死亡）する前に、失敗した原因（死因）を考えてみる（分析）という手法です。

次のように想像してみてください。あなたやあなたの部下、あるいはあなたのチームはこれまでの手順に従って目標計画を立て、実行に移しました。しかし1年後の年度末、あんなに綿密に立てたはずの目標でしたが、残念ながら達成されませんでした。さて、それは何が原因だったのでしょう。その原因を考え、紙に書き出してみてください。目標を実行に移す前にその目標が失敗したことを想像し、原因を書き出すのです。すると予想以上に様々な失敗要因が思いつくことにきっと驚くはずです。「顧客は、あなたが思うほどその商品を魅力的に感じなかったから？」それとも「その仕事より、もっと魅力的な何か別のものに気をとられてしまったから？」どうやらあなたのチームの進む先には、様々な障害や甘い誘惑が待ち構えているようです。しかし計画を立てるときには、そのことをすっかり見落としてしまっていたのです。

死亡前死因分析は、楽観的な目標計画を見直すのにとても最適です。私たちは将来のことを楽観視してしまう傾向があるからです。やり方は前述したとおり、とても簡単です。しかしその効果は絶大です。この分析で検出された失敗につながりそうな障害を予想し、それに基づき再度計画を練り直したり、あるいはその失敗自体を事前に計画に盛り込んでおくのです。計画を確実に実行し、実現させるために必要なプロセスなのです。

目標は感染する

どうでしょう、無事、立派な目標を立てることはできたでしょうか。あなたのチームが立てたその目標は、あなただけでなく、あなたの職場の同僚にも良い影響を与えることがあります。目標は感染するのです。

月曜の朝からあなたの気分は、正直あまり冴えません。家では奥さんに邪魔者扱いされ、暇つぶしに行ったパチンコでは大損をしてしまいました。そんなあなたにも「課長、おはようございます」と朝から元気に声をかけてくる女性がいます。数か月前に担当が変わった取引先の営業の若い女性です。彼女は礼儀正しく、なによりいつも元気で誰とでも打ち解ける明るさを持っています。こちらも「お、おはよう」と慌てて返すと、あなたのそばに近寄り笑顔で話しかけてきました。それから仕事についての打ち合わせや、他愛もない世間話を5分ほどして「それでは後ほど」と言って彼女はその場を立ち去りました。すると、あなたの気分がさき程に比べだいぶ良くなっていることに気づきました。どうやら彼女の笑顔が感染してしまったようです。

みなさんにもこんな経験があるのではないでしょうか。気持ちが塞ぎがちなときでも、楽しい友人たちと過ごしたり、素敵な異性と一緒にいれば、なんだか元気がもらえることがあります。もしかすると、これはミラーニューロンという脳の神経細胞の仕業かもしれません。ミラーニューロンは「物真似ニューロン」とも呼ばれていて、相手の行動やしぐさや表情を観察し、相手を自分のことのように置き換える働きをします。例えば、映画を観ているとき、映画の中の主人公が突然崖から突き落とされそうになると、自分は別に崖から落とされるわけでもないのに、ハラハラ、ドキドキして思わず「わぁ!」とソファーで叫んでしまうかもしれません。映画の中の主人公に感情移入してしまっているのです。これがミラーニューロンの役割で、ミラーニューロンが相手の心を読み取って映画の主人公に同調したのです。

相手の心を読み取っていると、自分も自然と相手と同じ気持ちになってしまいます。するといつの間にか、自分も相手と同じ目標を抱いてしまうことがあります。相手が望んでいることが、自分も望むものになっていくのです。このことを心理学者は「目標感染」と呼びます。自分の目標が他人に感染していくのです。もしその目標が前向きな目標であれば、それはきっとあなたの周りの同僚たちにも良い影響を与えているはずです。そういった前向きな目標にチャレンジしている人の周りには、なぜか同じような志を持った同志が多いのも何となくうなづけます。

京セラの稲盛和夫氏は、仕事人には三つのタイプがあると言っています。一つ目は「自燃性の人材」です。自らが熱意をもって周りに影響を与えながら燃え上がるタイプです。二つ目が「可燃性の人材」で、周りから焚きつけられると燃えるタイプです。三つ目は、残念ながら周りがいくら火を付けても燃えない「不燃性の人材」です。そして組織に必要なのは、もちろん「自燃性の人材」です。自ら燃える人材は、自分のしていることが好きなのと同時に、なにより明確な目標を持っています。あなたは自燃性のタイプでしょうか。もしそうなら、あなたやあなたのチームの高いその目標と志はメラメラと燃え上がり少なくとも「可燃性の人材」へと飛び火していくはずです。その炎はついには大火となり、さらには組織の文化となることさえあるのです。遺伝子が次世代に引き継がれるように、組織の文化的情報が引き継がれていくのです。

■目標管理制度とは

目標管理制度はピーター・ドラッカーが著書「現代の経営」で考案し、一九五〇年代に日本でも紹介されたのが始まりといわれています。原文の英語では「Management by Objectives and Self control」となっており、日本語に直すと「目標と自己統制による経営」となります。それを目標管理と単に言いかえているのです。ところが日本では、目標管理が、目標によって社員を管理統制する手段となってしまっている企業があることも否めません。目標というノルマを課し、その達成度によって社員を評価し、給料を決める道具のように使われているのです。そうすると必然的に、目標は短期的利益を評価の対象とせざるを得なくなり、長期的な大きな目標を見失わせてしまいます。

単純労働者であれば、そのようなノルマ的手法を使っても成果を上げることができるかもしれません。しかしながら、ドラッカーのいうところの知識労働者は、第三者が管理監督することができません。なぜなら知識労働者は、知識や成果によって動機づけされるからです。そのような知識労働者にとって、自己統制するための目標管理制度は、大変うまく機能します。目標管理制度とは、知識労働者が自らを管理するために立てる目標であり、成果の到達点だからです。もちろん、目標は会社から与えられるようなものではありません。そうであれば、目標と給料を直接的に結びつけるということには、無理があるのではないでしょうか。どうしてもノルマとなってしまい、自らが進むべき羅針盤とはなりえません。よく「あまり高い目標を設定すると、達成率が下がって査定も下がるからほどほどの目標にしておいた」なんて話を耳にしますが、実際にそういったことが起きています。これでは、自らを律し、導くための目標とはとてもいえません。当然、サラリーマンであれば成果という結果を出す責任があります。しかしそれと目標は、別次元のシロモノなのです。

目標管理制度自体は素晴らしい制度ですし、少なくともクリエイティビティな人たちには必要な制度でしょう。目標を達成したことにより成果が上がれば、それに対し報酬もきちんと支払うべきです。しかし、会社が社員を管理統制するための目標となってはいけないのです。「Management by Objectives」の後に続く「Self control（自己管理）」を見落としてはいけません。

第五章　人事制度は仕事の意義からつくる

■三人の石切り職人

ドラッカーの著書「マネジメント」に三人の石切り職人の話があります。

教会の建設地で、仕事をしている三人の石切り職人がいました。道行く人が、石切り職人たちに何をしているのかと聞いたところ、

第一の職人は「これで暮らしを立てているのさ」と答えました。

第二の職人は、手を休めず「最高の石切りの仕事をしているのさ」と答えました。

第三の職人は、その目を輝かせ夢見心地で空を見あげながら「国で一番の教会を建てているのさ」と答えました。

第一の職人の答えは、言いかえればお金のために仕事をしているということです。当た

り前といえば当たり前の話です。別にそれを否定することはありません。次の第二の職人はどうでしょう。もう少し高い意識をもっているようです。彼は職人であり、自分の仕事の技に誇りをもっています。

では第三の職人は?彼はもっと大きな目標と結びついています。教会とは、石やレンガや木材で組み立てられた建物ではなく、町の人々が集まる憩いの場所であり、町の人々のための場所なのです。それを造っているということです。誰かのためになすべきことをなしているのです。

一見どれもそれなりの理由があって仕事をしています。しかし第一、第二の職人と、第三の職人には大きな違いがあります。第一の職人は、金銭という報酬がもらえれば、わざわざ石切りの仕事を選択する必要はありません。もし他にもっと楽をして稼げる仕事があれば、そちらを選択してしまうかもしれません。第二の職人は、一見高い目的意識をもって仕事をしているようにみえます。しかし最高の石切りの仕事さえできれば、別にその教会でなくとも構いません。あるいは普通の民家であってもいいということです。その教会が建とうが建つまいが関係ないのです。ところが第三の職人は、その教会が建たなければ意味がないのです。それが第三の職人の仕事の目的であり、彼がそれを行う〝意義〟だからです。

もしあなただったら、どの職人の社員や部下が欲しいでしょうか。お金のために働く第一の職人でしょうか。それとも職人気質の第二の職人でしょうか。若しくは大きな目標を抱いた第三の職人でしょうか。

実際の会社には、三人の職人を同時に持ち合わせた社員が存在しているのではないでしょうか。第一の職人のように完全に割り切って、お金のためだけに仕事をしている人ばかりでもないですし、逆に、第三の職人のように仕事に理想と夢だけを追い求め、ある意味利他的な動機にのみ基づいて働いている人がいるとも思えません。程度の差はあれ、皆それぞれの動機や想いを同時に持ち合わせながら働いています。しかし、残念ながら第三の職人のような想いは、他の想いに比べて少なくなってしまっていることが多いと感じます。

先ほどの「どの職人が欲しいか」の質問には、おそらくお金さえ払えば仕事をしてくれる第一の職人より、仕事にプロ意識をもっている第二の職人や、あるいは仕事に意義を見出して働いている第三の職人が欲しいと思った方が大半ではないでしょうか。第一章で述べてきたとおり、お金だけでは社員を動機づけできません。ところが、多くの会社は第一の職人、よくて第二の職人を基準に人事制度を設定してしまっていることが少なくありません。

賃金制度は、第一の職人に基づいたお金というインセンティブだけにコミットして作成されます。給料というアメをちらつかせて、社員に仕事をしてもらおうということです。評価や職能要件書は、第二の職人の技能や職務範囲に基づき、何ができて何ができていないかだけを判断する道具として活用しています。極端な言い方をすれば、仕事を単なる作業としてとらえ〝できばえ〟はどうか〝どの程度作業をこなしているか〟で判断します。そこには、仕事から得られるお金以外のやりがいともいえる〝仕事の意義〟がすっぽり抜け落ちてしまっているのです。そこに第三の職人は存在していません。

もしかすると、そういった人事制度が働く社員を第一、第二の職人に仕立ててあげてしまったのかもしれません。そしてそれは、実際の仕事の生産性にも大きく影響を与えることがあるのです。

■同じ報酬なのに、なぜ生産性に違いが生じたのか

昭和40年代、山口県岩国にあった東洋紡の工場からの排水が海に流れ出て、岩国湾の海を汚染しました。汚染された海から獲れる魚は市場に出荷することができなくなり、漁民は東洋紡を訴えます。そこで東洋紡は、漁師が海で採ってきた魚をすべて市場価格で買い

郵便はがき

料金受取人払郵便

落合局承認

4196

差出有効期間
2019年6月30日
(期限後は切手をおはりください)

161-8780

東京都新宿区下落合2-5-13

㈱ 税務経理協会

社長室行

お名前	フリガナ	性別	男・女
		年齢	歳
ご住所	□□□-□□□□ TEL ( )		
E-mail			
ご職業	1. 会社経営者・役員 2. 会社員 3. 教員 4. 公務員 5. 自営業 6. 自由業 7. 学生 8. 主婦 9. 無職 10. 公認会計士 11. 税理士 12. 行政書士 13. 弁護士 14. 社労士 15. その他( )		
ご勤務先・学校名			
部署		役職	

ご記入の感想等は，匿名で書籍のＰＲ等に使用させていただくことがございます。
使用許可をいただけない場合は，右の□内にレをご記入ください。　□許可しない

ご購入ありがとうございました。ぜひ、ご意見・ご感想などをお聞かせください。
また、正誤表やリコール情報等をお送りさせて頂く場合もございますので、
E-mail アドレスとご購入書名をご記入ください。

この本のタイトル	

Q1　お買い上げ日　　　　年　　月　　日

ご購入方法　1．書店･ネット書店で購入（書店名　　　　）
2．当社から直接購入　　3．その他（　　　　）

Q2　本書のご購入になった動機はなんですか？（複数回答可）
1．タイトルにひかれたから　　2．内容にひかれたから
3．店頭で目立っていたから　　4．著者のファンだから
5．新聞・雑誌で紹介されていたから（誌名　　　　）
6．人から薦められたから　　7．その他（　　　　）

Q3　本書をお読み頂いてのご意見・ご感想をお聞かせください。

Q4　ご興味のある分野をお聞かせください。
1．税務　　2．会計・経理　　3．経営・マーケティング
4．経済・金融　　5．株式・資産運用　　6．法律・法務
7．情報･コンピュータ　　8．その他（　　　　）

Q5　カバーやデザイン、値段についてお聞かせください

①タイトル	1良い	2目立つ	3普通	4悪い
②カバーデザイン	1良い	2目立つ	3普通	4悪い
③本文レイアウト	1良い	2目立つ	3普通	4悪い
④値段	1安い	2普通	3高い	

Q6　今後、どのようなテーマ・内容の本をお読みになりたいですか？

取ることを約束しました。漁師たちは喜び、精を出して漁に出かけました。獲れば獲っただけお金になるからです。ところで東洋紡は買い取った魚はどうしていたのでしょう。当然ですが、食べることはできません。魚は廃棄処分としてそのままタンクに捨てられていました。

買い取りが決まって喜んでいた漁師たちですが、しばらくすると皆が肩を落とし、汚染された魚を東洋紡に持ち込むこともほとんどしなくなっていました。わざわざ汚染されていない遠くの漁場にまで出かけ、漁をする者もいました。一体どうしたというのでしょう。彼らは、ただ捨てるための魚を獲ることに我慢ができなくなってしまっていたのです。

経済学者のダン・アリエリーはおもちゃのレゴを使って、岩国の漁師と同じような状況を実験により再現しました。参加者たちを集め、レゴでロボットを作ってもらうのです。ロボットを1体作るごとに報酬が支払われ、最初の1体を作ると2ドルが、2体目は11セント少ない1ドル89セントが支払われます。その後も同じように作るごとに報酬は11セントずつ減らされ「もうそんな報酬じゃ、やりたくない」と思うまで作り続けることができます。ちなみに参加者は全員レゴ好きが集められていました。

それぞれ二つのグループに分けて同じようにレゴのロボットを作ってもらったのです

が、一つ目のグループは平均10・6体（金額にしておよそ95セントのところ）作ったところで、もうこれ以上は十分だとロボット作りを終了しました。ところが、もう一方の二つ目のグループは平均7・2体（金額にしておよそ1ドル30セントのところ）作ったところで、もうこれ以上作るのは嫌だといって作業を中断してしまいました。支払われる報酬はどちらのグループも同じです。やってもらう作業もまったく同じです。それにもかかわらず、両者のグループでロボットの作成数に大きな差が生じました。一体これはどういうことでしょう？まさか多く作ったグループの方にはかわいい女の子の応援団がいて、やさしく励ましてくれたからというはずもありません。謎解きのため少し時間を巻き戻して、参加者がどのようにロボットを作成していたか見てみましょう。

まずは多くロボットを作った一つ目のグループです。参加者はレゴが入った箱を渡されロボットを作り上げていきます。作成し終わるとまた新しいレゴの箱が渡され、さらにもう1体ロボットを作成します。作ったロボットはだんだんと増えていきます。まあこれといって変わった様子はなさそうです。では、もう一方の数の少なかった二つ目のグループはどうでしょうか。

同じようにこちらの参加者にもレゴの入った箱が渡され、参加者はロボットを作ります。

1体ロボットが作成されると、おもむろにそのロボットは壊され箱に戻されました。参加者はびっくりして困惑します。「えっ!?せっかく作ったのに…」。実験者は何食わぬ顔をして「なあに、ただの手順さ。次に作るロボットのために壊しておかないとね」。参加者はあきらかにやる気を削がれたような顔をしています。

そうです。二つ目のグループでは作っては壊され、また作っては壊されという作業が続いていたのです。でもよく考えてみてください。どちらのグループとも、行っている作業ももらえる報酬もまったく同じです。にもかかわらず、両者のグループ間では大きな差が生じていました。割合にするとおよそ1・5倍近い差が生じていたということになります。

さらにロボットを壊されなかったグループは、この作業を楽しいと感じていました。一方、ロボットを壊されたグループはあまり楽しいこととは感じていませんでした。満足度においても違いが生じていたのです。一体両者の違いは何だったのでしょう。

もうお分かりだとは思いますが、ロボットを壊されたグループにとってこの実験は単なる報酬をもらうための〝作業〟でしかなかったのです。そこに〝意味〟や〝意義〟〝やりがい〟はなかったのです。

岩国の漁師たちにも、まさにこれと同じことが起こっていたのです。タンクに捨てるために魚を獲ってきて、そのタンクの中の悪臭に報酬が支払われるのです。確かに、お金は今まで以上にもらえたかもしれません。しかしそこに仕事の意義も目的もありません。漁師たちは、ただ美味しい魚を多くの食卓に並べてもらいたかったのです。それが漁師たる誇りだったのです。しかし魚を獲ってきては捨てられ、また獲ってきては捨てられが繰り返されたのです。意味のない仕事に漁師たちのやる気は失せてしまったのです。

「賽の河原の石積み」の話はご存知でしょう。地獄に落ちてしまった子供の話です。親より先に死んでしまった子供は、父母供養のため河原に落ちている石を積み上げ塔をつくろうとします。しかし、やっと積み上げたと思ったら鬼がやってきて崩してしまいます。またやり直しますが、またも鬼がやってきて崩されてしまいます。子供たちが報われることはありません。意味としては無駄な努力の例えとして用いられます。

アリエリーの実験や岩国の漁師の出来事をきいて、私は「賽の河原の石積み」の話を思い出さずにはいられませんでした。たとえお金がもらえたとしても、意味もない作業としてだけの仕事をただ繰り返すことに、私たちは苦痛を感じます。岩国の漁師たちは獲ってきた魚がそのままタンクに捨てられたのです。それにより魚を獲ることをやめてしまいました。レゴのロボットを使った実験では、生産性に1・5倍もの差が生じました。

もちろん、お金はもらえないよりもらえた方がいいです。できればたくさんもらいたいです。仕事や作業も自分が得意で好きなものなら、なお良しです。しかしそれだけではダメなのです。そこにもう一つ大切な何かが必要なのです。

■年末年始のアルバイトで分かったこと

私は毎年、年末年始の休暇を利用して様々な業種の短期アルバイトをしています。現場で働く人たちの実情を知るためです（現場の第一線で働く人たちのことも分からずに人事コンサルティングはできませんから）。

ある年、食品製造業の仕分けラインで働いていたときのことです。その会社はコンビニのお弁当やおにぎりなどを作っていました。私の配属されたラインは、できあがったおにぎりやお弁当などを各店舗ごとに仕分けする部署で、私のほかに5人のアルバイトと1人の正社員が働いていました。仕事は単調でとても楽しいとはいいがたいものでしたが、仕事とは得てしてそういうものです。

そこで少しでも仕事に興味を持とうと、製造自体に関心があった私は現場の主任でもある正社員の方に「お店から発注を受けて、店頭に並ぶまでのリードタイム（所要時間）はどのくらいですか」と尋ねてみました。ところが、その方はこのラインに製品が届いてから発送するまでに要する時間については答えてくれましたが、私の意図する質問（発注を受けてから店頭に並ぶまでに要する時間）には答えることができませんでした。また、どのくらいの売上があるのかの質問にも、発送した個数については答えてくれましたが、売上までは把握していないようでした。別にその会社が、売上を社員に見せないようにしているわけではありません。確かに自分に任されている仕事についてはよく熟知しています。しかし、生産工程全体や他部門のことについては、自分には関係ないといった様子でした。

ある日、作業前の簡単なミーティングで前日に起きた仕分けミスについての注意報告がありました。そのミーティングでは「間違えるとクレームになって怒られる」「商品を再配達しないといけない」だから注意するようにと、繰り返し強調していました。間違えがあると「直接の取引先であるコンビニ店舗や、そこに来るお客さんに迷惑をかけてしまう」といったことには一切触れられませんでした。とにかく指示どおりに、目の前の仕事を正確にきちんとかつ時間厳守で実行することのみが求められました。

目の前にあるお弁当やおにぎりは単なる製品であり、仕分けの対象であり、それ以上でもそれ以下でもありません。そのお弁当を誰が買おうが、誰が口にしようが関係ないのです。仕事は、とにかく言われたとおり時間どおりにミスなくこなすことのみが求められます。それは当然のことですが、そこに仕事のやりがいを見出すことはできません。まるで自分が機械かロボットにでもなった気分です。強いていえば、わずかばかりの時間給のみが目的です。誤解のないよう言っておきますが、万全な衛生管理の下、決められた手順でちゃんと美味しいお弁当は作っています。

試しに同じラインのアルバイトの方に、仕事についてどう感じているか聞いてみると、コンビニで自分たちが作ったお弁当を見るのも嫌で、お客がそのお弁当を買ってくれたのを見て、別に喜びを感じることはないとのことでした。残念ながら彼らは仕事の意義を見出せていません。仕事は給料をもらうためにやる嫌なことなのです。もし今より仕事が簡単でもっと高い時給をもらえるところがあれば、いつでも転職したいと考えていました。転職する先の条件は、今より〝楽〟で〝高い時給〟です。自分たちのやりたい仕事ではないのです。

報酬のみが目的となる

仕事にやりがいを見出せず、お金のためだけに働くようになったことは、彼らの個人的特性によるものなのでしょうか。いいえ、そうとは思いません。

昔、囚人に穴を掘らせる罰があったそうです。穴を掘らせ、ある程度まで掘り進むと今度はそれを埋めさせて、また穴を掘らせるという罰です。その作業を何度も繰り返し行わせると、なかには発狂する囚人も出たそうです。もし、そこに井戸を掘りあてて、村のための水源を確保するのだという目的があれば違った結果になったでしょう。

囚人は給料がもらえませんが、サラリーマンであれば、たとえ無意味な作業であってもそこには報酬が発生します。穴を掘ることに目的がなければ、報酬のみが目的となるのです。想像してみてください。仕事への情熱もやりがいもない、ただ給料のみの関係の職場を。

製造ラインでの単純作業に仕事のやりがいや意義を見出すこと自体、無理なことなのでしょうか。私は決してそうとは思いません。確かに裁量や権限のある役職者や、直接顧客からフィードバックが得られる仕事に比べれば難しいかもしれません。しかし、たとえ単調な仕事であっても意義を見出すことはできるはずです。

■仕事に意義を見出す

私のクライアント先に障害者の就労支援をしている企業があります。主な利用者は、生まれつき脳に障害を負っていたり、精神的に病気になってしまった人たちです。そこで行われる就労支援の作業は、商品にラベルを貼ったり、機械の細かな組み立てを繰り返したり、お世辞にも楽しい仕事とはいえません。もらえる給料も、一つの作業に対してせいぜい1円程度です。一日やっても数千円程度にしかなりません。それは、利用者の方も感じていて、正直、嫌々やっている部分もあるそうです。そのため施設の担当者は、目標を定めたり、ときにはゲーム的な競争の要素を取り入れたりと工夫をしていますが、なかなかみんなのやる気を高めることは難しいとのことでした。

そんなある日、利用者とスタッフで用事に出かけた帰り、自分たちがラベルを貼って納品しているお土産用の漬物が、どんなふうに店頭に置かれているか見に行ってみようという話に、たまたまなったそうです。

お土産屋さんが何店舗か並んでいる近くのショッピングセンターに立ち寄り、一軒目のお店の中に入りました。店内のあちこちをぐるぐると自分たちの商品を探して歩き回ったのですが、どこにも見当たりません。「おかしいなー」とつぶやきながら、みんながっかりとした様子でした。施設のスタッフは「たまたまここのお店には置いてなかっただけかもしれないよ。隣のお店も見てみよう」と励ましながらも、「もし隣のお店にもなかったらどうしよう」と内心、心配だったそうです。

隣のお店に入り、あたりを見渡しますが、目の届く範囲に商品は見当たりません。しばらく近くを探していると、遠くから「ここにありましたよ！早く来てください！」とまるで宝物でも発見したように、利用者の一人の叫ぶ声が聞こえました。急いで駆け寄ってみると、自分たちが毎日コツコツ作業してラベルを貼った商品が棚いっぱいに大きく積まれていたのです。みんな嬉しそうに笑みを浮かべながら「へえー、こんなにたくさん並んでいるんだー。売れてるかな？」そういうと、誰かが「こんなに並んでいるってことは売れてないんじゃないの？大丈夫かな？」と、今まで自分たちの商品がどうなっているかなんて気にもしていなかったのに、みんな興味津々です。そこには別の施設から納入されている同種類の商品も置いてあり、それを手に取ると「こっちの物より、僕たちの方がきれいに貼られているよ」「やっぱりオレたちの物が一番きれいだよ」とみんな誇らしげな様子です。

よくよく棚を見てみると、自分たちの作業している種類以外の別の商品もあったようで、「こっちの商品もうちでやらせてくれないかなー。営業してきてよ」と施設のスタッフに催促する人もいたそうです。

その出来事はわずか10分程度のことでした。出掛けたついでにちょっとだけお店に立ち寄った些細なことだったかもしれません。しかし、翌日から彼らの目つきは変わっていました。いつにも増してきれいにラベルを貼り、自信さえ伺えます。

それまでは、ただ単調で退屈な作業だと思っていたことに〝意義〟が見出せたのです。

■仕事の意義は貢献すること

では、仕事の意義とは具体的にどういったものなのでしょうか。私はその一つに〝誰かの役に立っている（貢献している）〟というものがあると思います。

ある保険会社の営業マンの研修では、新しい保険の内容とセールススキルについて学んでいました。お客に保険を売り込むためのセールストークであったり、その保険商品のアピールポイントなど、売り込むための技術を学ばせました。「こうすれば保険料がこんなにお得になりますよ」「保険を活用して税金対策をしましょう」など。さらに売上に応じたインセンティブを設け、トップセールスマンになれば年収2，000万円も夢ではありません。社長はこれできっと社員はみんなやる気になって、契約をたくさん取ってくるだろうと期待しています。しかし本当に、その方法で大丈夫なのでしょうか。

別のある保険会社では、保険に加入していたおかげで、病気にはなったけれど、とても助かったという保険加入者の話をVTRで見せました。また、保険を受け取ったあるご遺族の方からのこんな手紙も紹介しました。「主人が亡くなったのはとても悲しいけれど、保険に加入しておいて本当に助かりました。あのときは、保険なんてと思っていたけれど、営業の田中さんに強く勧められ、加入しておいたおかげで、子供たちを大学まで出すことができます。田中さんにはとても感謝しています」。
さて、どちらの保険会社の営業マンの方が、強く動機づけられたのでしょう?セールススキルや報酬によって動機づけられた前者か、あるいはお客様からの感謝の声を聞いた後者か。

組織心理学者のアダム・グラントは大学の寄付金を集めるコールセンターのスタッフにある実験を行いました。みなさんも突然「寄付してください」と電話がかかってきたら、おそらく「うちは結構です。ガチャ」と受話器を下してしまうのではないでしょうか。コールセンターでの仕事は決して満足度の高いものとはいえません。
グラントはこのコールセンターのスタッフを無作為に三つのグループに分け、それぞれのグループごとに別々の作文を読んでもらいました。
一つ目のグループ：元スタッフからこの仕事から役立つセールススキル（個人的利益）を身に付けた体験談
二つ目のグループ：集まった寄付金で奨学金を受給した学生がどれほど助かったかという体験談
三つ目のグループ：比較対照群として特に業務には関係のない話

それぞれ別々に作文を読んだうえで、スタッフは業務に戻り、電話口に向かって寄付金を募ってもらいました。するとみなさんも察したとおり、二つ目の寄付金による奨学金で助かったという学生の話を聞いたグループの寄付金額は、業務に関係のない話を読んだ対照群と比較して、週で1・5倍にも増加したのです。そこでグラントは、さらに直接奨学生と会って話をする場を設けました。わずか5分ほどの場でしたが、結果は驚くべきものでした。なんと寄付金額は5倍にも跳ね上がったのです！

コールセンターの仕事は、決して電話口の相手から喜ばれるような仕事ではありません。日に何件も電話をしなくてはいけない単調な仕事かもしれません。スタッフたちは電話をかけ、寄付金を多く集めることが仕事だと思っていました。しかしそうではなく、就学困難な学生を援助するという本来の仕事の意義を思い出し、誰かの役に立っていると実感できたことが彼らのやる気を高めたのです。

では、一つ目のセールススキルを聞いたグループの結果はどうだったのでしょう？　このグループは知識の習得や報酬といった個人的利益についての話を読んだグループです。普通に考えれば、このグループも動機づけされ、やる気が増したと考えられます。しかし結果は、業務に関係のない話を読んだ三つ目のグループとほとんど変わらなかったのです！言いかえれば「この仕事はあなたのキャリアになる」「こうすればもっと売上を伸ばすことができ、あなたの給料も増える」と社員を説得したとしても、あまり効果がないということです。

先に紹介した保険会社の例は、実際に私が知っているある保険代理店での話です。実は両者の代理店とも、新規の顧客契約件数にそれほど大きな差は見られませんでした。しかし保険の解約件数に関しては、後者の保険加入者からの手紙を読んだ代理店の方が圧倒的に少なかったのです。

コールセンターでセールススキル（個人的利益）について読んだ一つ目のグループは、教会の石切り職人でいえば、第一か第二の職人ということになるでしょう。それに対して奨学生の話（職務の意義）を聞いたグループは、第三の職人といえます。自分たちの仕事には意味があり、誰かの役に立っていて、貢献していると感じているということです。それが仕事の生産性や会社の利益にも大きく影響したのです。

グラントは同様に、医師や看護師が院内感染を防ぐために手を洗うことを推奨する表示を院内に置く実験もしています。感染症予防対策として手を洗うことは効果的であるにもかかわらず、それほど実施されていなかったからです。表示は二種類用意され、一つ目は「手の衛生はあなたを感染から守ります」という個人的利益に訴える表示。もう一方は「手の衛生は患者を感染から守ります」という自分ではなく、患者の利益に訴える表示。この実験でもやはり、一つ目の個人的利益に訴える表示より、他者である患者の利益に訴える表示を見た医師や看護師の方が、手洗いを慣行するようになったのです。

役に立てることが、やる気を引き起こす

自分のためではなく、他人のためになら力を発揮できることを私たちは知っています。自らの身を危険にさらしてまでも行動することがあります。もし自分が危険な状況にさらされたら、普通は尻込みしてその場から逃げ出してしまうかもしれません。けれど、自分の大切な家族や子供、恋人が危険にさらされたら勇気を出して立ち向かうことができます。家族や友人でなくとも、駅のホームから誤って落ちてしまった見知らずの他人を助ける勇気を私たちは持っているのです。

自分たちの仕事が誰かの役に立っている、貢献していると実感していることが重要であり、それが仕事のパフォーマンスをも引き上げるのです。ではなぜ、私たちは自分のことならいざ知らず、他人のために勇気と力がみなぎってくるのでしょう。実はそれについて

は、脳の仕組みにおいて科学的に証明されています。そのことについては、後ほど詳しく解説します。

第一章でも紹介した私のクライアントの幼稚園でも、一つ大きな悩みがありました。それは、給食係のパート職員の意識が低いということです。少し暇になるとおしゃべりが始まり、集中力が続きません。献立どおり決められたことはやるけれど、もっと工夫をしておいしい給食を作ろうとか、園児の健康や発育を考えて作ろうという意識が不足しているようにみえたのです。

そこで園長は外部の厳しい管理栄養士を雇い、指導にあたらせました。しかし思ったようには改善されません。厳しく指導を受けた直後はキリッとし、真面目にやっているようにみえるのですが、しばらくすると、またダラけてしまうのです。

その話をたまたま聞いた私は「もう少し自分たちのやった仕事の成果を、その給食係の職員たちにフィードバックしてみたらいかがですか」とだけアドバイスしました。さすがは勘のいい園長です。それからは園児たちが給食を食べ終わり片付けが済むと、給食室に行き「今日はみんな残さずきれいに食べてくれたよ」とか、「今日は少し残す園児が多かったけど、どうしたの？」と給食係の職員たちにフィードバックするようにしたのです。さらには、それまでは給食室に閉じこもっていた職員たちを引っ張り出し、給食が始まる前に今日の献立の説明をさせたり、園児たちがおいしそうに給食を食べている様子を見せるようにしました。最初はわずらわしがっていた職員たちでしたが、日が経つにつれ、徐々にやる気が増していったのです。

その幼稚園では、親子参観日に親子で一緒に給食を食べる機会があるのですが、今では給食係の職員も一緒に同席し、献立について説明したり、どんな食材や栄養が子供たちの発育に大切なのか一緒に話をしているそうです。もう職員がやる気がないと苦心することもなくなりました。

もし、あなたの会社で仕事にやりがいを見出せていない社員がいるとしたら、それは自分の仕事がどう顧客や会社に役立っているか実感できていないことが原因かもしれません。けれど、少しフィードバックを与えることにより、その社員のやる気が再びみなぎってくるのです。

■仕事に意義を見出せると、健康で幸せになれる

心理学者のエイミー・レズネスキーらは、石切り職人にした質問と同じように、仕事に

ついてどう捉えているか病院の清掃員を対象に調査を行いました。

すると、清掃の仕事をただの〝作業〟と捉えていたスタッフは「給料をもらうために働いている意味のないつまらない仕事」と感じていました。一方、清掃の仕事を〝天職〟であり意義あるものだと受け止めていたスタッフは、仕事に集中し看護師や患者やお見舞いに来る人たちと積極的に話をし、相手の気分が良くなるよう気を配っていました。また掃除の仕事は、ただ汚れやごみを取り除くことではなく、患者の健康を守り病院の衛生管理を担う重要な仕事とも捉えていました。そしてなによりこのグループは幸福感が高く、身体的にも健康だったのです。

病院での清掃の仕事は、一見するとブルーカラーのある意味単調で退屈な仕事に感じるかもしれません。しかし彼らはそうは考えていませんでした。仕事に誇りを持ち、天職と捉え、実際にやりがいを感じ仕事から幸福感を得ていたのです。病気による休暇日数も、他のスタッフに比べ半分以下で事実健康だったのです。どんな仕事をしているかではなく、仕事をどう捉えているかによって、幸福や健康にも影響を与えるのです。

■脳内ホルモン「オキシトシン」とは

ところで、仕事に意義を見出し天職と捉えていた先ほどの病院の清掃スタッフは、なぜ幸福で健康的でもあったのでしょうか。実はそこには、脳内ホルモンである「オキシトシン」が関係しているのです。

オキシトシンは、脳の脳下垂体から分泌されるホルモンで別名「幸せのホルモン」または「愛のホルモン」とも呼ばれています。赤ん坊に授乳したり、あるいはセックスをするときにも多く分泌されます。そうでなくても「誰かに親切にしよう」「誰かの役に立とう」と思い行動しようとする行為にもオキシトシンが伴います。オキシトシンは社会的なつながりを強め、相手への信頼を高める作用があるのです。

また心臓にはオキシトシンの受容体があり、心臓細胞の再生や微小損傷の修復を助け、心臓を強化する働きがあります。オキシトシンが分泌されることにより脳の側坐核を刺激し、セロトニンやドーパミンといったホルモンの分泌を促します。

セロトニンは気分を落ち着かせ、不安やイライラといったうつ状態を抑えます。ドーパミンは第一章で述べたように、何か行動しようとするときそこから得られる〝報酬〟の予感を与え、実際に行動することにより、脳に〝快〟を感じさせます。人を動機づける効果があるわけです。逆にドーパミンが不足すると運動症状や認知機能障害が現れます。

このほかエンドルフィンという物質も同時に放出されます。このホルモンは「脳内麻薬」ともいわれ鎮静効果があり、また免疫力の向上も助けます。人に安心感や心地よい感覚を与え、多幸感をもたらします。

オキシトシンは、これらのホルモンと相まって人に社会的つながりを感じさせ、幸福な気持ちにさせたり、健康的にさせてくれます。私たちが幸せに生きていくためには、欠かせないホルモンなのです。

先ほどの愛する人や家族のためなら、自分の犠牲も顧みず行動する行為も、このオキシトシンが関係しています。オキシトシンは私たちに勇気をもたらすのです。困難なことや恐怖で足がすくんでしまうことにも果敢にチャレンジさせる力を与えます。

よく立派な経営者やその企業は、従業員を大切にするといいます。「社員想いのいい社長だなー」と思いますが、それだけではないのではないかと思います。もちろん立派な経営者に違いありません。しかしそれは、実は従業員のためだけではなく自分のためでもあるのです。

経営者は常に難しい判断や多くの困難に立ち向かっています。そのためストレスにさらされることは多く、同時に孤独でもあります。一人だったら逃げ出したくなることもあるでしょう。そんな状況でくじけそうになったとき、社員やその家族の顔を思い出すのです。

そうすることで「こんなところでへこたれてはいけない、もう一度頑張ろう！」と自分を奮い立たせているのです。社員のことを想い大切にすることによって、自分自身も勇気をもらっているのです。

病院の清掃員が患者やその家族を気に留めたり、コールセンターのオペレーターが奨学生のために寄付金を集めたり、社長が社員を大切にするのも、これら脳の仕組みによって説明できます。誰かに貢献しようとすることは、幸せや健康や、さらには勇気を与えてくれるのです。科学がそれを証明しているのです。

■アドラー心理学も貢献感

話題になったアドラー心理学では「誰かの役に立っていると思えること、すなわち〝貢献感〟が幸福である」と言い切っています。アドラーの生きた時代は現代ほど科学は進歩していませんでした。しかし最新の脳神経科学で分かったオキシトシンなどの脳内ホルモンの作用から、そのこともうなずけます。

他人に親切にしたり貢献することにより、私たちは「役に立っているんだ」と実感できます。それにより「自分は無意味な存在ではない、自分には価値があるんだ」と思えるのです。この感情のことを「自己有用感」といいます。自己有用感は社会とのつながりのなかで芽生えます。自己有用感を持てると自尊心が高まり、自信がみなぎってきます。そのときはじめて私たちは、本当の意味で自立し行動できるのです。仕事においても、自分のやっていることに「意義があるんだ」と思えることが、この自己有用感を高めます。それにより積極的に仕事にかかわろうとするのです。

ちなみに、常連のお客があなたのお店に足繁く通ってくれるのは、あなたのお店で特別なサービスを受けたいからだと思っていたら、それは大きな勘違いです。あなたのお店にわざわざ足を運ぶのは、あなたやあなたのお店に〝貢献するため〟なのです。何か特別なサービスを受けたいからではありません。あなたのお店を支えているのは自分たちだとさえ思っています。なぜならそのお客は、あなたのファンだからです。だから「いつも、ありがとうございます」と感謝の気持ちを伝える必要があるのです。

仕事の目的は、お金だけではありません。仕事の目的であるその意義は、誰かの役に立つことといっても過言ではありません。それは誰かのためであり、同時に自分のためでもあり、その経験を経て幸せになることができるのです。仕事を通じて幸福になれるのです。仕事を単なるお金のためのつまらない作業にしてはいけません。

■「ありがとう」と感謝されて

クロネコヤマトは日本で初めて個人向け宅配事業を始めた会社です。もともとは家電メーカーやデパートを主たる取引先とした運輸、配達事業でした。しかし市場の変化や競争の激化からトラック運送事業が赤字へと転落。決断に迫られた当時の小倉社長は、まだ郵便局が独占していた個人宅配事業へと乗り出します。ところが経営陣はもとより、従業員までも当初は個人宅配事業に反対でした。ドライバーは、どちらかといえば運転が好きで入社してきた職人気質な人たちです。ところが個人配達を始めるとなると、お金の集金から伝票処理まですべて一人でこなす必要があります。運転以外の業務をするのはまっぴらごめんと反対したのでした。

文句を言いながらも、渋々業務命令に従って配達に行ったドライバーたちでしたが、しばらくすると様子が変わってきました。それまでの会社を相手とした商業運輸では、荷物を運んでもお礼など言われた経験なんてほとんどなかった彼らが、個人宅に荷物を届けると「ありがとう」とお礼を言われたのです。それは彼らにとって驚きであり、また同時に喜びでもあったのです。

入荷から出荷までそれぞれの作業が分業されていたものを、一人でこなすようにしたことも彼らの士気を高めました。一つ一つをこなし、すべての仕事を完結させることには達成感があり、やりがいを感じるようになっていたのです。日に日にドライバーたちの仕事に対する姿勢は変わっていきました。

個人宅配を始める以前も、ドライバーは運転手として自分たちの仕事に誇りをもっていました。運転の仕事自体、それなりにやりがいを感じてもいました。しかしそれは狭い範囲のなかでの〝作業〟でしかなかったのです。初めてお客から「ありがとう」と感謝されたことにより、自分たちの仕事が人の役に立っているということを改めて認識したのです。分業をした方がもしかすると効率はいいのかもしれません。しかし運転以外の様々な業務にも携わることで、全体のもっと大きな仕事の意義と結びつき、よりやりがいを感じるようになっていったのです。

■人に貢献することは、自己犠牲ではない

ここまでの話を読むと、利他的に他人に貢献し尽くすことが大切なんだと感じたかもしれません。しかしそれは、決して自己犠牲的貢献ではないということを付け加えておきたいと思います。

心理学者のアンジェラ・ダックワースらは1万6、000名もの人に大規模なアンケー

ト調査を行いました。アンケートは「最後までやり抜く力」と「目的（私のやっていることは社会にとって重要な意味があるか）」についての項目があげられました。さらに比較のため「快楽（私にとってよい人生とは楽しい人生だ）」という項目を加えました。「やり抜く力」「目的」、それと「快楽」これらがどのような相関関係を示すか調べることが目的でした。

アンケートを集計してみると、「最後までやり抜く力」の強い人々は「目的」の項目も高かったことは想像に難くありません。では、そういった人たちの「快楽」に関する項目はどうだったのでしょう。意識の高い彼らは自分の「快楽」なんて気にしないのでしょうか。いいえ、違います。彼らの「快楽」に関する項目は、普通の人たちと変わらず高かったのです。目的に向かってやり抜く人は、同時に自分の人生も楽しんでいたということです。

ダックワースは「やり抜く力が強く目的意識が高い人は、みな聖人というわけではなく、自分という枠を超えて人々と深くつながっている」と言っています。一種の共同体感覚をもっており、自分自身も他者も同様にとらえていたということです。自己犠牲的な貢献ではなく、他人を思いやるように、自分のことも思いやっていたのです。

グラントも自己犠牲的な利己的行為を「無私無欲に与える病的な行為」と言っています。

同様にアドラー心理学においても「過度に社会に適応した人」として自己犠牲的行為に警鐘を鳴らしています。グラントは利己的行為と利他的行為はトレードオフの関係ではなく、別個の動機であり、二つを同時に目指すことが可能だと言っています。むしろ利己的でもあり同時に利他的でもある人の方が、成功する確率が高いのです。

経済学の父といわれるアダム・スミスの著書「国富論」の中で、何度も引用される有名な一節があります。

「我々が食事をできるのは、肉屋や酒屋やパン屋の主人が博愛心を発揮するからではなく、自分の利益を追求するからである」

あなたは町のパン屋の主人だとしましょう。あなたがパンを作る動機は純粋に誰かのためだけではないでしょう。当然パンの対価としての報酬も必要です。仮にあなたが利他的な動機からパン屋を始めたとしても、あなたがパン屋を長く続け、多くの人にパンを提供するにはお金が必要です。無料でパンを配り続けることはできません。商売としてパン屋が成り立つことによって、私たちはパンという食事ができるのです。もちろん多く売りたいのであれば、みんなが欲しがるような美味しいパンでなくてはいけません。たとえ利己的な動機からであっても、パン屋がより良いパンを作ろうと努力し日進月歩することにより、私たちは美味しいパンにありつけるのです。

自分のためである利己と、他人のためである利他は決して競合する関係ではなく一体であり、両者は同時に追求できるのです。逆に言えば、社会のために精進努力することが、結局は自分の幸福にもつながるのです。この一節には様々な解釈がありますが、スミスが言いたかったのは、そういうことではなかったかと、私は思います。

■人事制度は「意義」からはじめよう

人事制度を作るとき多くの会社が給料設定から始めようとします。入社5年目の給料はいくらいくら、課長になったらいくらといった具合に。給料をいかに合理的に設定するかが重要なのです。そして次に、その給料に見合った仕事や役職を割り当てます。「この給料だったらこのくらいの仕事や責任を担ってもらわないと困る」「このクラスだとこの職務水準が求められる」といったところでしょうか。報酬とそれに見合う職務を整え、社員に提示し、業務を遂行するよう促します。それで人事制度、もしくは賃金制度は完成です。一見すると、職務と給料が連動した合理的な賃金制度にみえます。しかしそれによって何を成し遂げようとしているか、そこから読み取ることはできません。一体どういった成果に基づいて給料が支払われるかも、実のところよく分かりません。やるべき職務もそれに伴った給料制度もあります。しかしそこに意義がないのです。

先ほどの奨学金を集めるコールセンターのオペレーターの話を覚えているでしょうか。彼ら彼女らは、自分たちの仕事は電話をかけ、寄付金を集めることだと認識していました。しかし、寄付金を集めるのは奨学金を必要とする学生たちのためであり、それが自分たちの仕事の意義だと再認識したとき、寄付金額が5倍にも跳ね上がったのです。

人事制度は給料から始めてはいけません。職務からでもありません。〝意義〟から始めなくてはいけないのです。

経営コンサルタントのサイモン・シネックは、そのことを「〝WHY〟から始めよ」と言いました。「WHY」は、なぜその仕事をやっているか、なぜお客はあなたの商品を買っているかの理由です。それは大義名分であり、仕事の本質であり、意義です。

そして次にそのWHYを実現するための「HOW」がやってきます。HOWはどうその仕事をやるのか、どうやってその商品を売るのかの手段を指します。WHYを実現するための戦略ともいえます。

そして最後にそれを具体化した「WHAT」がつくられるのです。それは具体的に取り組むべき仕事の内容であったり、商品であれば製品そのものを指します。象徴であったW

HYが具現化したものです。

スターバックスはもっとも成功したコーヒーショップの一つですが、彼らのWHY（意義）は何でしょう？コーヒーではありません。彼らのWHYは、学校でも職場でも家庭でもない第三の場所〝サードプレイス〟を提供することです。そこで私たちはスターバックス体験（エクスペリエンス）をします。時には一人でゆっくりコーヒーを味わったり、また時には読書や勉強をしたり、時間つぶしにふらっと寄ったり。彼らは、私たちの生活にちょっとした休息の〝場所〟を提供してくれているのです。

スターバックスでは他のファストフードとは違い、ソファーが置いてあったり、Ｗｉ－Ｆｉが使えるようになっていたりします。一般的なファストフードであれば、回転率を速くするためにあえて座り心地の悪い椅子を用意するくらいです。しかしスターバックスでは、誰もがくつろげるようになっています。

駅や本屋や、サービスエリアなど様々な場所には、必ずといっていいほどスターバックスがあります。まるで私たちの生活の一部になっているようです。それが彼らのＨＯＷ（方法）であり、サードプレイスを提供するための手段なのです。そして最後にコーヒーが提供されます。コーヒーは深煎りのアラビカ種の豆だけを使用し、一杯一杯をドリップします。最高のエクスペリエンス（体験）を提供するためには、最高のWHAT（コーヒー）が必要なのです。スターバックスはWHYからWHATまでが、すべて一貫しています。

私もよくスターバックスを利用するのですが、彼らや彼女らスタッフはどこか自信に溢れていて、スターバックスで働くことに誇りをもっているように感じます。彼らはスターバックスの意義を知っているのです。

ブラックエプロン（優秀なコーヒーマスターだけが着ることを許されている）を着けたバリスタは、まさか黒くて苦い液体を売るために働いていると思っていないでしょう。彼らはスターバックスのWHYである意義を実現するために毎日職場であるカフェに向かうのです。義務からではありません。もちろんその仕事は好きなのでしょう。お金も稼ぎたいはずです。しかしそれらをも含めたWHYを実現するために、今日も職場に向かうのです。

私の事務所の勉強会でスターバックスの事例を研究したときのことです。ある若い女性スタッフがこんなことを言いました。「スターバックスに行くのは、もしかするとたまたまそこにスターバックスがあったからでも、コーヒーが飲みたかったからでもないかもしれない。スターバックスに行っている自分が好きで、それが自分のライフスタイルで…。

それはある意味〝自己満足〟なのかもしれない」と。彼女にとってスターバックスは自分自身のＷＨＹであり、それをスターバックスが体現しているのです。ＷＨＹである意義が、そこで働くスタッフだけでなく、顧客をも惹きつけているのです。

■順番を逆にしてはいけない

私のクライアントに介護事業を営んでいるところがいくつかあります。もし彼らが順番を逆にして、仕事をＷＨＡＴから始めたらどうなるでしょうか。仕事を給料から始めるということです。

「給料は月額18万円、その他通勤手当がつきます。仕事の内容は食事介助と排せつ介助と入浴介助です。報酬単価を上げるためにケアマネージャーや機能訓練士を何人か採用しています。また介護度の重い方にも対応できるように特殊浴槽（寝たままでも入浴できるお風呂）を導入しました。施設は近代的で設備も整っています。それで売上を伸ばそうと考えています。以上」

どうでしょうか。まあ普通といえば普通ですが、あまり魅力は感じられません。しかし仕事の意義（ＷＨＹ）から始める事業所は違います。

「私たちはご利用者が住み慣れた地域で長く生活できるよう支援しています。家で生活しているときと同じようなアットホームな造りの建物です。介護度の重い方でも安心して利用できるように特殊浴槽を完備し、手厚い介護ができるようにケアマネージャーや機能訓練士も何人かいます。職員のみなさんには、利用者ができるだけ健康で自立して生活してもらうためのお手伝いとして、食事介助から入浴介助をしてもらいます。それにより利益が出れば、みなさんにもきちんと還元したいと考えています」

どうでしょうか。前者ものと比べてどちらで働きたいと思いましたか。もちろん後者ですよね。ではこの介護施設を利用する利用者の方はどうでしょう。どちらの介護施設を利用したいと思うでしょうか。

繰り返しになりますが、人事制度は給料から始めてはいけません。仕事の意義から始めなくてはいけないのです。

以前こんなことがありました。私の知り合いの女性が転職して新しく入社した会社でのことです。その彼女は中途で入社したのですが、それなりにキャリアもあったので、職能等級は5等級で採用されました。5等級とはその会社では主任級を指し、中途で最初からその等級で採用されることは少ないそうです。

入社して数か月経ったころ、上司から呼ばれると「あなたは5等級で採用されているのだから、5等級の仕事をしてもらいたい。給料もそれなりに高いのだから…」と言われたそうです。5等級の仕事と言われても、彼女にはそれが何か分かりません。自分では任された仕事を一生懸命にやっていたので、突然そんなことを言われて困惑してしまいました。

「私は給料が高くて、5等級だから5等級の仕事をしなくてはいけないの？ そもそも5等級の仕事って何？」

上司としては、海外部門の開発の仕事をやってほしかったそうですが、そこには明確な理由がなかったのです。彼女にはなぜ今までとは違うことを命じられるのか、どういった仕事を求められているのか、分からなかったのです。

でも、もしこんなふうに意義から話していたら違ったかもしれません。「私たちの会社は今後海外の市場をもっと伸ばしていきたいと考えている。そのためにあなたには、あなたのもっているそのスキルを活かした仕事をしてもらいたい。そう思ってあなたを採用しました。あなたに求められる5等級の仕事は○○と○○と考えています。細かなやり方はあなたに任せます。もちろん会社も支援するし、当然それに見合った給料を会社は支払いますよ」

どうでしょう。むしろやる気が出てくるのではないでしょうか。

「40万円の給料を支払っているのだから、この仕事をやりなさい」「5等級だからこの仕事をやりなさい」と言われても社員は自ら動こうとはしません。それは社員をコントロールする手段でしかありません。そういったコントロールは、長期的にみればマイナスにさえなります。本来の仕事の意義を忘れさせてしまうからです。私たちは、仕事によって何を成し遂げようとしているのか、私たちは会社や社会から何を求められているのか、それを知っている権利があるのです。

スターバックスのブラックエプロンを着けたバリスタが、お金でコントロールされ、与えられた職務を遂行するためだけに顧客にサービスをしていたとして、本当に心のこもった良いサービスができるでしょうか。いいえ、できません。

社員も顧客も魅了させるためには、意義から始める必要があるのです。

■職能要件書のつくり方

法律はすべて憲法に従って作られます。そこから外れることはできません。もし憲法に反した法律であれば、それは違憲立法審査によって無効とされてしまいます。憲法に合致していなければいけないのです。そして、法律をより具体化するために政令や省令といった細則が定められます。憲法があり、それに基づく法律があり、さらにそれを具体的に定める政令や省令があるのです。

会社の人事制度も同じです。まずは、憲法となる会社の「ミッション」や「バリュー」が定められていなくてはいけません。ですから、私がクライアント先で人事制度を構築するときも、まずそこを明確に再定義することから始めます。会社のミッションやバリューが明文化されていない場合は、その作成から始めます。そしてそれに沿った職能要件書を作成します。人事評価もミッションやバリューに反していないか、職能要件書に沿っているか確認しながら構築していきます。そして賃金制度を作るのです。

これらの制度設計では、それぞれの部門のリーダーを集めて複数人で行います。彼らに職務の再設計をしてもらうためです。会社から職務を押し付けるのではなく、彼らにミッションやバリューを実現するための指針や行動規範を主体的に考えてもらいます。「〇〇をする」「〇〇をしなくてはいけない」ではなく、「私たちは〇〇すべきである」さらにいえば「私たちは〇〇したい」とならなければいけないからです。

ここで決めるのは、あくまで指針や行動規範であり、細かな作業手順ではありません。細かな作業手順や職域を決めてしまっては、そこに裁量の余地は生じません。それでは自主的に考え行動しなくなってしまいます。そのため、行動の具体性に欠けると批判されることもありますが、それでいいのです。どう行動するかは、社員自らの権限と責任においいて実行してもらうのです。もちろん各社員には、そのための権限と責任を与えておく必要があります。

スターバックスには、接客に関するマニュアルがないそうです。従業員一人一人に権限を与え、スタッフ自らが考え行動しているのです。マニュアルだけでは、顧客の様々な状況やニーズに応じたホスピタリティあるサービスを提供することができないからです。だからといって、スターバックスに何も基準となる指針がないわけではありません。スターバックスには「ミッション・ステイトメント」と呼ばれる経営指針があり、これに基づいて徹底した従業員教育を行っています。

なんと米スターバックスには、このミッション宣言を一字一句間違えずに暗唱しているスタッフが何人もいるそうです。そしてさらには、会社がミッション宣言のとおり行動しているかを問う「ミッション・レビュー」という制度があります。ミッションに反していると思われることが行われていると感じたら、いつでも疑問を投げかけられるようになっています。実際に毎月何百という意見や提案がスタッフから寄せられます。マニュアルがないからといってミッションに反した行動は許されないのです。彼らは自分たちの行動や仕事が常にミッションに従っているかを確認し、職務を再定義しているのです。

■職務の再定義（ジョブ・クラフティング）

スターバックスのミッション・レビューのような制度は「ジョブ・クラフティング」に通じるものがあるのではないかと思います。ジョブ・クラフティングとは、レズネスキーらによって考案されたもので、仕事の「業務内容」「人間関係」「仕事に対する認識」を組み立て直すことをいいます。上司からの命令ではなく、自らが職務の再定義をすることによって、自分らしさを取り入れたり、新しい視点で仕事をとらえたりできるようになります。仕事の意義やアイデンティティを作りだすのです。

私もそのことを意識しながら職能要件書を作成するようにしています。先にも述べたように、経営者側が一方的に作成するのではなく、社員を集め一緒に考え、自分たちの価値観を会社のミッション、バリューにすり合わせながら職務を再設計していきます。自分たちの行っている仕事はどう役に立っているのか、自分たちの仕事がどうミッションやバリューと結びついているか、仕事の意義を改めて再確認するのです。そのワークショップは何日にも及ぶこともあります。しかし少しずつではありますが、実際に社員たちの意識が変わっていくことが分かります。

ある会社では、このワークショップを経て、顧客に対するサービスが変わったそうです。それまでは、お金を払ってくれるお客様だからサービスをしなくてはいけないと思っていました。しかしそうではなく、お客様のためにサービスしようとする意識が強くなったそうです。またある会社では、社員同士のつながりが強くなりました。それまでは、他部門の業務を積極的に手伝うことはそれほどなかったのですが、会社全体の大きな目標と自分の仕事が結びついたことにより、もっと大きな視点から自分の役割を再認識することができるようになったのです。

ある社長から「ワークショップをしてから、私自身少し寂しくなりました」と言われ、「えっ、どうしてですか？何か問題がありましたか？」と私が尋ねると、「今までは社員を管理することが私の仕事でしたが、今は社員自ら考えて動くので、私の仕事が無くなってしまったんですよ」とおっしゃいました。もちろんこれにはリップサービスもあるでしょうし、ワークショップはきっかけであって、社長自身にもともと高いマネジメント能力が備わっていたということもあるでしょう。しかし、自分たちの仕事の意義を再定義することは、社員の自主性を引き出すのです。

■意義（理想）で飯を食う

「理想やビジョンで飯が食えるのか、企業経営はそんなに甘いものではない」という声をよく耳にします。確かに実際の職務を遂行し、利益を上げなくては何も始まりません。

そうでなくては、理想は単なる妄想でしかありません。社員に生活の糧となる給料を支払うには利益が必要です。

ちまたでは、企業同士の熾烈な競争が繰り広げられています。相手を出し抜くために、あるいは市場を奪い取るために値引き合戦が繰り広げられます。きれいごとを言っても、所詮は、消費者が重視するのはお金だと言わんばかりです。とにかく安くて売れるものを作らなくてはいけないのだと。確かにそのとおりです。実際に低価格戦略で市場を拡大してきた世界的企業も多くあります。例えば米国のディスカウントストアであるウォルマートや格安航空会社（ＬＣＣ）のサウスウエスト航空も低価格を武器に事業を拡大してきました。その事実は否めません。しかし彼らの低価格戦略は、競合他社から市場を奪い取り、利益を独占するためのものではありませんでした。

かつての松下電器の創業者であり社長であった松下幸之助氏の経営哲学に「水道哲学」というものがあります。

幸之助がまだ幼少期のころ、彼の父親は米相場に失敗し、一家が破産するという憂き目にあっています。その後も生活は豊かにならず、家計を助けようと幸之助は小学校を途中で退学し、大阪へ丁稚奉公に出ることになりました。しかしその後まもなくして父親は他界してしまいました。そのため幼いころの幸之助の生活は大変貧しいものでした。
そんな幸之助が暑い夏の日に大阪の町を歩いていると、こんな景色に出くわしました。暑さに耐えかねた男性が上着を脱ぎ、道端にある水道の蛇口をおもむろにひねって、顔を蛇口の口元に近づけると、勢いよくあふれ出した水をゴクゴクと、嬉々とした様子で飲みだしたのです。それを見ていた幸之助は、はっとあることに気づきました。「水道の水にも価値はある、タダではない。しかし仮に他人の家の水道の水を飲んだとしても、勝手に水を飲んだことは咎められても、水そのものを盗んだことは咎められない。なぜなら水はタダ同然に安いからだ」。「水と同じように、たとえ今は貴重な物であってもたくさんあれば、誰もが水のようにたやすく手に入れることができる。要するに誰の手にも届くほど物が安くなれば、皆が豊かになれるのではないか、貧乏がなくなるのではないか」そう考えたのです。それから松下電器の使命は、良い製品を安い価格で多くの人に提供することであり、誰もが豊かになる世の中をつくることが目的であると、水道哲学を説きました。

ウォルマートの創業者サム・ウォルトンは、一般的な労働者が気軽に購入できるような価格にまで値段を下げようと取り組みました。郊外への大型店出店も、田舎町に住んでいる労働者が都会と同じように買い物ができるようにと拡大していったのです。

サウスウエスト航空の創業者ハーブ・ケレハーは、バスや車で何時間もかけて移動している人々に飛行機を利用してもらおうと価格を下げる努力をしました。サウスウエスト航空にファーストクラスはありません。それは格安航空会社（ＬＣＣ）だからではありません。サウスウエスト航空が庶民の味方だったからです。

松下電機も企業規模を大きくしたい、市場占有率を高めたいという気持ちはあったと思います。しかしそれは決して利益だけが目的ではなかったのです。彼らの意義である使命は「より良い製品をより安く多くの人々に提供する」ことであり、社会を豊かにすることだったのです。それを実現しようと取り組んだ幸之助と、それを信じた社員が松下電機を世界でも有数の企業へと押し上げていったのです。

■意義を徹底し、行動を一貫させる

会社の経営方針もその意義も決まったとします。一度決まれば、それは徹底しなければなりません。意義から行動までがすべて一貫していないといけないのです。一時的には利益を押し下げるようなことがあったとしても、理由もなしに意義や行動を変えることは得策ではありません。逆に儲かるからといって、意義やその行動を変更することも誤った道を組織や社員にたどらせることになります。

かつて日本を代表する大手スーパーマーケットであったダイエーは「主婦の店 大栄薬局店」という薬局からスタートしました。それから十数年もの間成長を続け、一九八〇年には売上高1兆円を達成し、長らく流通業者の覇者として君臨していました。当時のダイエーは「よい品をどんどん安く、お客様のために」が彼らの使命であり、意義でした。まさに主婦の味方だったのです。

ところがダイエーは、店舗を郊外に拡大していくなかであることに気づきました。ダイエーが出店すると、そこには多くの人が集まります。するとその周りの土地も値上がりするのです。ダイエーは出店する際に、店舗に必要な面積以上に周りの土地も購入しました。出店後、その土地の値段は上がります。店舗からの売上のほかに、その土地を売却するなり、賃貸するなりして利益が見込めたからです。「店舗での売上はそこそこでも、赤字にならなければいい、不動産収入で採算が取れれば」そんな空気が社内には流れていたのでしょう。店舗の経営は徐々におざなりになっていきました。

創業時の「良い品をどんどん安く、お客様のために」という使命はいつしか消えていってしまいました。そこで働く社員も仕事の意義を見失ってしまいました。ダイエーは、もう主婦の味方ではなくなっていたのです。

ただ、それでもバブル景気のときは構いませんでした。ところがバブルが崩壊し、頼みの綱であった土地の価格は下落し始め、その後はみなさん周知のとおりです。

クロネコヤマトは、日本で初めて宅急便事業をはじめたとき「サービスが先、利益は後」という経営方針を立てました。サービスとは翌日配達を指します。日本全国のお客様に、できるだけ早く確実に荷物を届けることが彼らの使命でした。

それまでの業務会議では、経費削減などを口やかましく言っていましたが「これからは収支については一切議題にしない。サービスレベルだけを問題にする」と、当時の小倉社長は宣言しました。それからは、単純に計算すれば赤字になるであろう効率の悪い過疎化地域であっても営業所を設けたり、午前中不在だったら午後に伺い、それでも不在だったら夜に伺うという明らかに高コストな在宅時配達も実施しました。なぜなら「サービスが先、利益は後」だったからです。たとえ短期的には赤字になろうとも、同社は経営方針に基づいた行動を真に徹底したのです。

結果はどうなったのでしょうか。クロネコヤマトは赤字にはなりませんでした。翌日配達がサービスの差別化となり、それが利用者の口コミになり、都市部での取引数が大幅に増加したのです。

誤解のないようにいっておくと、私は決して「サービスを先にしろ」と言っているのではありません。もちろん「利益は後からついて来る」とも言っているわけでもありません。私が言いたいのは、使命を徹底したことが、クロネコヤマトが成功した理由だということです。意義からその使命、そして行動までがすべて一貫していたのです。

■お願いをすればいい

話はそれますが、ちょうどこの本を執筆しているころ、クロネコヤマトではインターネットショッピングなどの個人宅配業務増加による過重労働が問題となっています。連日マスコミなどから大きく取り上げられ、同社は経営的課題に直面しています。

先ほども述べたように、クロネコヤマトはサービスである翌日配達を実現するために、配達時間帯の延長や不在時の再配達、配達時間の指定など、市場の求められるままにあらゆるサービスを充実させていきました。それにより消費者である私たちは、恩恵を受けることができました。

しかし、拡大していくインターネットショッピングの個人宅配市場に合わせ、顧客の要望どおり過度に適合しようとしたことは、同時にクロネコヤマトを苦しい状況へと追い込んでいったのです。そこにあるのは、顧客とのウィンウィンの関係ではありませんでした。むしろ自己犠牲的ともいえる関係でした。いくら配達してもなくならない荷物にドライバーたちは疲弊してしまいました。クロネコヤマトの過剰なギバー（与えることを優先する人）としての振る舞いが、消費者をまるでテイカー（自分の利益を優先する人）のように振る舞わせてしまったのです。

かつてのドミノピザの「30分以内にお届けできなかったら無料」という謳い文句は、明確で力強く、もっとも成功したビジネスモデルの一つでした。しかしそれは、配達員の事故を招いたり、意図的に配達を困難にさせる消費者を出現させたりしてしまいました。同じようなことがクロネコヤマトでも起きているのでしょう。

では、どうすればいいのでしょうか。答えは簡単です。消費者に〝お願い〟すればいいのです。「指定した配達時間に家にいていただきたい」「コンビニ受取をできるだけ活用してもらいたい」そうお願いすればいいのです。誠意をもって協力を願い出れば、多くの顧客が賛同してくれるはずです。

私もインターネットショッピングを利用します。正直、不在にしてしまうことがありますが、それでも電話をすると彼らは一切嫌な顔をせず、何度でも届けに来てくれます。東日本大震災の際には、いち早く営業所を再開し瓦礫の中をかき分けて荷物を届けました。届け先の人が避難所にいると知れば、避難所にまで荷物を届けました。クロネコヤマトには、顧客にお願いする資格があるはずです。

ジョン・F・ケネディは大統領の就任演説の際に、日本の政治家からは考えられない、とんでもない一言を発しました。彼はこう訴えたのです。

「国家が諸君のために何ができるかを問わないで欲しい。諸君が国家のために何ができるのかを問うて欲しい」。

しかしその言葉が、アメリカ国民の反感を招くことはありませんでした。むしろ自分たちの自尊心を高め、自立心を促したのです。国家と国民がそうであるように、企業と顧客もウィンウィンの関係であるべきなのです。

■「夢」を語る

私たちは、人事制度を意義からつくらなくてはいけません。意義にはお金にはないパワーが秘められているのです。そのなかには他者への貢献も含まれています。その他者とは誰でしょう? いつも私たちの商品を喜んで買ってくださるお客様。無茶なお願いに文句を言いながらもきいてくれる部下や社員、尊敬できる上司。あるいは会社そのものであったり、社会全体や愛する家族かもしれません。誰かの役に立っていると実感できたとき、私たちは幸福を感じ、自立できます。それを確認するために毎日職場へ向かうのです。

それぞれの会社にある仕事の意義とは、具体的に表現できない抽象的で感覚的なものであったりします。会社の組織文化を一言で説明できないのと同じように、うまく言葉で表すことができないのです。そのため抽象的で象徴的な表現になることがあります。なかには絵やロゴを使って表現している会社もあります。けれども、優れた会社はそれを共有し合え、伝えることができます。それが働くことの原動力となっているのです。

この章の最後に、私が大好きな経営コンサルタントであるサイモン・シネックがよく例えに出すマーティー・ルーサー・キング牧師の話をして、終わりにしたいと思います。

キング牧師は、黒人の人種差別を撤廃しようと立ち上がりました。後にそれは公民権運動としてアメリカ全土に広がっていきました。キング牧師は首都ワシントンにおいて、リンカーンの奴隷解放宣言１００年を記念する大集会を企画しました。一九六三年八月二十八日に行われたその集会には、真夏の炎天下にもかかわらず、全米から20万人を超える群衆がキング牧師の話を聞こうとワシントンに押し寄せました。その中には黒人だけでなく、多くの白人も含まれていました。人々は、キング牧師の話をただ聞くためだけに集まったのではありません。自分たちが信じる信念や価値観を確認するために集まったのです。

多くの観衆がキング牧師の話を今か今かと待ちわびていたそのとき、歴史に残るあの四語が生まれた演説が始まったのです。

I have a dream ～私には、夢がある。

人種も宗教も文化も乗り越えて、私たちが平等に住める社会と自由を築き上げようと、彼は訴えました。それは実現しうる夢であり、彼の信念でした。

キング牧師は「I have a plan（私には計画がある）」とは言いませんでした。もし計画だったなら、どうなったでしょう。具体的で明確だったでしょうか?あなたが会社の社員に語るとすればこうなります。プラン1「売上を前年対比で120%にする」、プラン2「不良品率を5%抑えて、生産量を110%にする」。そうではありません。それでは伝わりません。キング牧師は「夢」を語ったのです。

第六章　社員を伸ばす評価制度

評価と聞いて、みなさんあまり良いイメージは持たないのではないでしょうか。なかには小学校の頃の通信簿をイメージしてしまう人もいると思います。親と先生との三者面談があって、進路のことだったり、学校の成績のことだったり「この内申点では希望校には進学できません」と言われ、ショックを受けた思い出のある方もいるのではないでしょうか。大人になってからは、上司との面接で「その成績では課長への昇進は当分できんなー」と言われ、理不尽な思いをした経験の方も…。

確かに評価には、通信簿のような点数で「良い」「悪い」の成績を付ける一面はあります。しかし、それ以上に重要な側面もあります。その一つが「承認」です。

■フェイスブックやツイッターになぜハマるのか

フェイスブックやツイッターなどのＳＮＳは、なぜこれほど浸透しているのでしょう。「フェイスブック中毒」といった言葉もあるくらいです。まさに麻薬です。私はフェイスブックをやらないので正直よく分かりませんが、まったく金銭的見返りがないにもかかわらず、見たり、フォローしたり、投稿せずにはいられません。その理由の一つが「いいね！」や「フォロワー」という機能があることなのです。

フェイスブックで「いいね！」の評価がつくと、「誰かが自分のアップした写真を見てくれた」「誰かが自分のことを注目してくれた」と感じます。このとき脳の報酬系回路が反応し、ドーパミンが脳に〝快〟を与えます。人は誰かから注目されるのが好きなようです。その刺激欲しさについつい何度も自分のページを見てしまったり、友達の投稿に「いいね！」をクリックするのです。多くの人から見られ評価されることは、いわば自分自身の存在を認めてもらっていることと同じなのです。ユーチューブの視聴回数も同様です。決してユーチューバーになって広告収入を得たいだけではありません。私も毎週、様々な経営に関する情報をユーチューブにアップしています。わずか50回程度の視聴回数ですが、それが55回になっただけで俄然やる気が出てくるのです（この本が出たことによってもう少し視聴回数が伸びることを期待しています）。

もし突然明日から、フェイスブックやツイッターやユーチューブの「いいね！」ボタンもフォロワー数も動画視聴回数も表示されなくなったらどうでしょう。仮に誰かが見ていてくれていると分かったとしても、まったく味気ないものになってしまいます。それまでは毎日のように動画や写真をアップしていたのに、もう更新するのも止めてしまうかもしれません。

■社員も評価（承認）されたがっている

承認されたい欲求は、なにもフェイスブック中毒者に限りません。社員も承認されたいのです。あなたの会社の社員が何か新しいことや難しいことに挑戦していたとします。別に褒めてもらいたくてやっているのではないにしても、社長のあなたが、それに対してまったく無反応だったら？わざわざ無理をしてまで、何かに挑戦することはしなくなってしまうかもしれません。

行動経済学者のダン・アリエリーは、この仕事の評価に関してある実験を行いました。グループを三つに分け、それぞれに同じ課題にチャレンジしてもらいます。課題はランダムな文字列が書かれた一枚の用紙の中から、特定の文字を見つけ印を付けてもらうという作業でした。一枚目を完了すると55セント（日本円で約60円）がもらえ、二枚目になると50セントと、5セントずつ減っていきます。被験者は「もうこれ以下の報酬ではやりたくない」と思うところまで、実験を続けられます。それぞれのグループは課題を終了する都度、実験者のところへ用紙を持っていきます。

一つ目のグループが用紙に自分の名前を記入し、実験者のところへ持っていきます。実験者はざっと目を通しチェックすると、うなずきながら用紙を裏返しにテーブルの上に置きました。二つ目のグループは、特に名前の記入は求められず、実験者に用紙を手渡しましたが、実験者はちらりとも見ずに、ただ机の上にぽんと裏返し置きました。最後に三つ目のグループが実験者に用紙を手渡すと、実験者は一目もくれず、おもむろに隣に置かれたシュレッダーに用紙を挿し込み、ガッガガーと細断し始めたのです（ワォ！まじか?-）。

さて、どのグループが一番多く課題に取り組んだでしょう?みなさんの予想どおり、もっとも多く課題をこなしたのは、名前を記入して実験者に用紙を渡した一つ目のグループで平均9・03枚でした。もっとも少なかったのが、シュレッダーにかけられた三つ目のグループで、6・34枚。では二つ目の、実験者が特に何も確認せず、ただ用紙を机に置かれたグループの結果はどうだったのでしょう。このグループの平均枚数は6・77枚で、シュレッダーにかけられたグループとほとんど変わらなかったのです。実験者が一目もくれず、ただ渡された用紙をそのまま置いた行為は、シュレッダーにかけた行為と同じだったということです。合理的に考えれば、三つ目のグループは確認もされずにシュレッダーに入れられたので、不正をしようと思えば不正ができました。そのため、容易に報酬を得られるはずですから、もっと多くの課題に取り組んでいてもおかしくありません。しかしそれさえもしようとはしなかったのです。すっかりやる気を削がれてしまっていたのです。

私も最近、ちょうどこれと同じような経験をしました。当事務所主催のあるセミナーを開催したときです。それなりに立派な会場を借り、参加者も大勢集まっていました。私はセミナーの講師を任されていたので、当日はやや緊張しながらも、なんとかセミナーを成功させようと意気込んでいました。冒頭に主催者からの挨拶があり、挨拶をする予定の私の上司もその日は久しく会場入りしていました。上司の挨拶も終わり、私が話を始めだしたとき、ふと一番後ろに座っているその上司に目をやると、彼はおもむろに鞄から本を取り出し下を向くと、そのまま本を読みだしたのです。「えっ？いきなりそれ？そんなにオレの話はつまらないのか？」そう思いましたが、お客さんもいる手前なんとか気分を立て直し話を続けましたが、正直やる気は一気に喪失です。いくらお客さんが私の話をうなずきながら聞いてくれていても、自分の上司から無視されるのはとてもつらいことだったのです。そのくらいなら、後でダメ出しをしてもらった方がよっぽどマシだったかもしれません。SNSに例えるなら、LINEの「既読スルー」といったところです（でも、その上司を恨んでいるわけではありませんよ）。

部下や社員を承認し、認め、評価してあげなくては、部下はやる気を失ってしまうのです。評価とは、決して部下の良し悪しを決めることだけではありません。部下をきちんと〝見る〟ことなのです。部下に対して何もフィードバックをしていないとすれば、それは部下の行為をシュレッダーにかけるも同然なのです。

■承認することの留意点

「承認」することにもいくつか、留意点があります。一つは、目立つ行動だけに「注目」してはいけないということです。目立つことばかりに注目すると、危険な行動を誘発することがあります。

例えば、注目を浴びようとユーチューブでわざと命にかかわるような危険な動画を撮る人がいます。フェイスブックでもコンビニのアルバイト店員がアイスクリームのケースの中に寝そべっている姿がアップされたのは記憶に新しいと思います。普通に考えれば、誰もが見る可能性のあるフェイスブックにそんな写真をアップすれば、問題になることは容易に想像できたでしょう。しかしそれよりも、注目を集めることの方に注意が払われてしまっていたのです。彼らはあたかも、自分の武勇伝のようにこれらのことを語ります。それが良い悪いにかかわらず、他の人と違った目立つ行動に注目を集めようとするのです。そこにはもう正しい判断能力はありません。

目立つ行動は確かに注目に値します。しかし、目立つことばかりに注目すると、たとえ悪いことであってもフィードバックをもらいたいがために、なんでもしてしまうことがあります。ちょうど不良の少年少女が腕にタトゥーをいれ、それを見せびらかすようなものです。評価者である上司は目立つことだけでなく、小さなことだけれど優れた行動に対してきちんとフィードバックすることが大切です。今風にいえば「地味にスゴイ」ところです。

また「承認」は、給料がそうであったように社員をコントロール（統制）する手段になってしまうことがあります。〝褒める〟という行為でさえ、その危険性があります。

例えば、他人と比較して褒めたり、上司という優位的立場から褒めたりすると、無意識であっても部下や社員をコントロールしようとする行為と同じになってしまいます。社員は上司から「褒められたい」、他の社員より「認めてもらいたい」と思うようになり、それのみを目的として行動してしまうのです。これは、いわゆる外的報酬と同じ働きをし、内面から生じる内発的動機づけを外へ追いやってしまうのです。本来の仕事の中身ではなく、褒められるという結果のみにコミットし、仕事の意義や本来の楽しさといったものを奪いかねないのです。このことは様々な研究からも明らかになっています。それを防ぐには、社員をコントロールするような言葉は使わず、単にその成果としての事実を、あなたの気持ちと共に伝える必要があります。社員に自己有用感（人の役に立った）と自信（自分にはできる）をもたせる言葉をかけるのです。ではどうやって?決して難しいことではありません。「○○してくれて〝ありがとう〟」「○○してくれて〝助かったよ〟」ただそういえばいいのです。

■成績だけでなく姿勢も評価する

評価項目は、一般的に「成績評価（売上・業績等）」、「能力評価（知識・技術等）」、「意欲態度評価（積極性、協調性等）」という三つに分け、評定していることが多いです。これは、その人物がもっている能力がどのように発揮され、それが結果としてどう成績に反映したか、それぞれの要素を評価するという考えに基づいています。学校の学力テストに例えるなら、テストの点数という結果が「成績評価」で、身に付けている保有能力であるところの学力が「能力評価」、どう勉強に取り組んだかという過程や姿勢が「意欲態度評価」、以上の解釈で概ね間違っていないと思います。

一般的には、成績や能力といったことが重視され、意欲態度といった項目は若干軽視される傾向にあります。成果主義の賃金制度であれば、成績が多くのウエイトを占めます。意欲態度といったものは定性的なもので目に見えづらく、評価しにくいというのもその理由の一つであるとは考えられます。しかし、結果や能力に重点を置いて評価することは本当にいいのでしょうか。

もし、あなたの恋人が手作りの料理を作ってくれたとしましょう。彼女はそのために彼氏の好きそうな献立を考え、材料を買い出しに行き、朝から仕込みと調理でてんやわんやです。しかし、彼女は正直料理はそんなに得意な方ではありませんでした。おっちょこちょいの彼女は誤ってナイフで指を切ってしまいました。しかし彼女は大好きな彼のためになんとか苦労しながらも料理を完成させました。

さあ、いざ食事会です。初めての彼女の手料理に期待をしながら、料理を口に運びます。「ん？あれ？」。グルメなあなたにとって彼女の手作り料理は、正直それほどおいしいとは思えませんでした。さて、ここであなたは彼女の評価を下げてしまうでしょうか。まあ普通の男性ならそんなことはしないでしょう。多少料理がおいしくなくても、一生懸命作ってくれたという行為に対し評価をします。

一生懸命あなたのために作ってくれた彼女の料理を、味という成果だけで判断することはありません。ありがとうと感謝を述べてから「もう少し味が濃いのが僕は好みかな？」と優しくアドバイスをすることはあるかもしれません。間違っても「塩はもう3g増やして、炒める時間はもう2分短くした方がいい」などとは言いません。ましてや「料理はおいしくないし、指を切るなんて、なんておっちょこちょいなんだ！」などと言っては、収拾がつかなくなってしまいます。確かにそれは、もっともな正しい評価です。しかし素直に彼女にはそう受け取ってもらえないでしょう。もう彼女は、あなたのために料理を作ろうとはしなくなってしまうかもしれません。あなたの恋も終焉を迎えてしまうかも？

味という成果が悪かったとしても、一生懸命おいしく作るようにがんばってくれたという姿勢（過程）がうれしいのです。今は不慣れな料理も、結婚し、毎日努力して作っているうちに手際よくおいしい料理が作れるようになるかもしれません。しかしここで成果だけにコミットしては、やる気は失せてしまいます。そうなれば、今後おいしい料理を作る可能性も少なくなってしまうでしょう。

料理の例は極端でしたか?では、会社に置きかえてみましょう。社員が一生懸命努力して新しいことにチャレンジしましたが、結果的に失敗してしまったとします。そのとき失敗という結果だけをみて、あなたが評価を下げてしまえば、社員は落胆するだけでなく、失敗しないようにもう新しいことにはチャレンジしなくなってしまいます。

それとは逆に、失敗は失敗として評価はするとしても、一生懸命に新しいことにチャレンジしたことに対し、きちんと評価してあげれば、失敗を単に悪いこととはとらえず、次回への教訓として活かすこともできます。結果だけでなく、そこに至る姿勢も評価すべきなのです。

能力だけでなく努力も評価する

能力と意欲態度の関係についても同じことがいえます。

心理学者のキャロル・ドゥエックは、子供たち数百人を対象にある実験を行いました。グループを二つに分けテストを実施し、テストが終わると一つ目のグループには「まあ、

8問も正解よ。頭がいいのね」と〝能力〟を褒め評価しました。一方、二つ目のグループには「まあ、8問も正解よ。がんばったのね」と〝努力〟を褒め評価しました。この段階では両グループともテストの成績に差はありませんでした。ところが、その後、何度かテストをし、難しい問題でテストをすると、一つ目の能力を評価された子供たちの成績はガクンと落ちました。一方、努力を評価された二つ目のグループの成績は落ちず、テストを重ねるごとにグングンと成績が伸びていったのです。

能力を褒められたグループは、難しい問題を出されたとき「自分は能力がないから問題が解けないいんだ」と考え、新しい問題を避けるようになっていました。一方、努力を褒められたグループは「もっと頑張らなくちゃ」と考えたのです。それだけでなく、問題を解くことが面白いとも答えていました。

さらに「他の学校でも同じテストをします。どんな問題が出たか教えてあげてください」と言って用紙を配り、そのなかに自己申告で得点を記入する欄も設けておきました。すると、能力を評価されたグループは、4割近くが得点を高めに偽って申告していたのです。

このように能力のみを評価すると、そこに執着してしまい、能力を低く見られたくないと失敗を恐れ、新しいことへのチャレンジを避けるようになったり、自分を過大に大きく見せようとしてしまうのです。

決して成績評価や能力評価より、意欲態度評価を重視すべきといっているわけではありません。過度に成績や能力を重視すると、新しいことへチャレンジする意欲をくじいたり、社員を傲慢にさせたりすることがあるのです。意欲態度評価についてもきちんと見てあげることが大切なのです。

■人柄を評価する

意欲態度評価には、その他に協調性や規律性といった項目などもあります。チームワークなどに関する項目です。確かに一人だけでやっている会社なら、結果や能力だけ優れていればそれでも構わないかもしれません。しかし、組織としてやっている以上、いくら個人として優れていても、会社として成果が上がっていなければなりません。野球の試合と同じで、どんなに有能なバッターをそろえても、チームで勝たなければ意味がないのです。

クロネコヤマトの前の社長故小倉昌男氏は、著書「小倉昌男　経営学」のなかで、クロネコヤマトは「人柄」の良し悪しを評価していると述べています。成績は、例えば景気変動であったり、営業地域や前任者の影響ということもあって、たまたま運よく良い結果が出ることもあるからです。人柄とは、誠実であるか、裏表がないか、利己主義ではなく助け合いの気持ちがあるか、思いやりの気持ちがあるかということです。要するに規律性や協調性ということになります。短期的には、成績評価を求めた方がいい場合もあるかもしれませんが、長い目で見れば、人柄の方が企業にとってプラスになるとも述べています。

特に、会社組織としてチームで仕事をするうえで、この人柄はとても大切です。仕事は確かにできるけれども、いつもツンツンしていて、ふてくされたような態度の部下と、多少抜けているところはあるかもしれないけれど、素直で真面目な部下だったら、あなたはどちらの部下と一緒に仕事がしたいでしょうか。私だったら間違いなく、後者の部下と一緒に仕事がしたいと思います。多少能力が今は劣っていたとしても、素直で真面目な方が、時間はかかったとしても将来的には良い結果を出すと思いますし、なにより一緒に仕事をしていて気持ちがいいです。そういう部下はどこか憎めなくて、こちらも面倒を見てあげたくなります。それによって、結果的にその部下も成長していくのではないでしょうか。

それは、対お客様のビジネスでも同じです。確かに仕事ができて知識も豊富な営業マンであっても、どこか不誠実な人物と、若干おっちょこちょいな面はあるけれども、誠実で真面目な営業マン。どちらから商品を買いたいと思うでしょうか。もちろん誠実な営業マンですよね。

■インプットか、アウトプットか

少し視点をかえて、結果であるアウトプットに焦点を当てるべきか、それとも、そこに至るまでの過程である行動（インプット）に焦点を当てるべきかについて考えてみましょう。

経済学者のローランド・フライヤーによる教育生産関数（インプット・アウトプット・アプローチ）という考え方があります。

フライヤーは学力を上げさせるために、子供たちにテストで高い成績を上げること（アウトプット）に対して報酬を与える場合と、本を読む、授業にきちんと出席するなど（インプット）に対して報酬を与える場合とでは、どちらが良い成績をあげるかという実験を行いました。

勉強へのご褒美（報酬）により、どちらの子供たちもやる気をみせました。しかし、アウトプット（テストで高い成績を上げる）に対して報酬を与えた子供たちの成績は、ほとんど改善されませんでした。逆に、インプット（本を読む、授業にきちんと出席する）に対して報酬を与えるとした子供たちの学力は、向上が図られたというのです。なぜなら、アウトプットに対して報酬を与えた子供たちは、ご褒美が欲しいと思っていたものの、そのために具体的に何をすべきかが分かっていなかったからです。

ダイエットに例えるなら、○○kg痩せるというより「毎日ランニングをする」や「夕食は炭水化物を抜く」とした方が、結果が出やすいということです。

仕事でも同じことがいえるのではないでしょうか。ただ仕事のアウトプットとしての成果だけに着目したアプローチでは、特に新入社員のようなまだ仕事のやり方もあまり理解できていないときは、ただ「売上をあげろ！」と言われても、どう行動していいのかが分かりません。それよりも、より行動レベルでの評価を行い、その行動を促した方がいいのです。営業マンであれば「何件訪問したか」、「何件企画をあげたか」という行動を評価要素とします。

私の事務所の会計部門でも、売上数字より、毎月の月次決算率を重点的に管理しています。年度末に慌てて決算を組むのではなく、毎月企業を訪問し、月次の決算を組み、クライアントに正しくフィードバックすることができているか、その割合を管理していきます（一般的にこのようなプロセスを指標として管理することを、ＫＰＩ『重要業績評価指標』やＫＳＦ『主要成功要因』といったりします）。それを毎月きちんと行っていることが、結果的に売上に貢献するからです。

目標である業績を上げるためには、そこに至るまでの中間目標とその要素があり、そこも評価すべきということです。

ただし、インプットのみに着目するといった場合にも注意が必要です。なぜなら、ただ行動をしただけ、または行動したフリもできてしまうからです。先の例でいえば本を眺めているだけで実際には頭に入っていないということです。これでは学力向上は望めません。営業担当者の訪問件数なども同じです。ただむやみやたらに訪問をしているだけで必ずしも高い成績を上げられるとは限りません。同時にインプットから何を学び、どうやってそれをアウトプットに結び付けるかを教えておくことも大切です。

また、インプットはとかく行動量が注目されがちです。それでは無駄な長時間労働を招くだけです。何のどういった中間目標に着眼したか、質も含めたインプットを設定するということが重要です。

■評価は仕事の場面に限定して行うべきってホント？

一般的に評価は、職務遂行の場面に限って行うべきだといわれています。つまり会社の懇親会や休憩時間など業務に密接はしていても、仕事に直接関係のないことは評価の対象とすべきではないということです。しかし、直接仕事には関係ないかもしれないけれど、職場内のコミュニケーションなどを円滑にするために冗談を言ったり、場を和ませたり、職場のムードメーカーとなっている社員を「人柄」といった面からも、評価の対象としたくなってしまいます。

日立製作所中央研究所の矢野和男氏の行った研究は、職務遂行の場面のみに評価の焦点を絞ることが果たして本当に正しいのか、考えさせられる結果を報告しています。

矢野氏は、商品を売り込むコールセンターのオペレーターに、人の行動量を計れるウエラブルセンサをつけてもらい、オペレーターの活動量と受注率との相関関係を調べました。それまでは、受注率が向上するのはオペレーターのスキルや特性が関係しているものと考えられていました。ところがそういった要素はほとんど関係なく、驚くことに、休憩時間の活動量、すなわち会話の活発度に影響していることが分かったのです。そこで、同氏は休憩をバラバラでなく複数人が一緒にとれるようにしました。すると休憩時間中の会話の活発度が増え、それだけで受注率が13％も向上したのです。アメリカの銀行でも同じような実験を行いましたが、同様の結果が得られています。休憩時間中のコミュニケーションの頻度が、その後の仕事にも影響したということです。

また、組織学習研究において社会心理学者のダニエル・ウェグナーが唱える「トランザクティブ・メモリー（以下、ＴＭ）」という考え方があります。ＴＭとは組織内の情報の共有化において「組織のメンバー全員が同じことを知っている」ではなく、「組織のメンバーが『他のメンバーの誰が何を知っているのか』を知っている」状態を指します。〇〇のことなら〇〇さんに聞けば分かるということを組織間で共通の情報として認識されているということです。そしてこのＴＭの高い組織は生産性が高く、イノベーションの起こる確率も高まると考えられています。

ＴＭを高めるのに重要なのは、フェイス・トゥ・フェイスの会話であるといわれています。そのため、部署ごとに隔離されたオフィスではなく、仕切りのないオフィスや、いつでも気軽に集まれるカフェスペースのようなコミュニケーションスペースは有効といえます。オフィスに限らず、部門間や上下関係を超えた忘新年会などの懇親会や社内行事におけるコミュニケーションも、ＴＭを高める可能性があります。

以上のことからも、仕事に密接した場での「コミュニケーション」といった項目について、評価の際に考慮してしまったからといって、必ずしも間違いではないのではないといえます。釣りバカ日誌の浜ちゃんでは極端ですが、少なくとも私は、ムードメーカー的な社員を評価してあげてもいいのではないかと考えます。

■評価で人材育成はできない?

評価やその後の面接は、人材育成の絶好の機会といわれています。評価からのフィードバックを通じて学ぶということです。しかし実際うまく機能しているのでしょうか。一般的には、評価は賞与や昇給の直前に行われ、それに基づいて面接が実施されます。すると当然、これらのプロセスは給料との結びつきが強くなり、社員もどう評価され、どう処遇されるかに意識がいってしまいます。

心理学者のリチャード・ライアンらが小学生を対象に行った研究では、子供たちを二つのグループに分け、二種類の短い文章を読むという課題を与えました。ただし、一つ目のグループには、後でテストし成績がつけられると予告し、二つ目のグループには、特に何も告げませんでした。するとテストの結果は、成績をつけると予告されたグループの子供たちは機械的な暗記問題では高得点を取りましたが、理解を要する問題では低い点数となりました。一方、何も予告しなかったグループの成績はその逆で、理解を要する問題においては高得点を取ったのです。この結果は、第一章で紹介した「報酬の高いグループの方が、頭を使う課題では成績が出せなかった」という研究とも類似します。

さらにライアンは、一週間後に改めて同じ課題についてテストを再実施しました。一週間も前の課題だったため、両グループとも暗記問題については以前より成績が落ちていました。成績の内容を詳しくみてみると、前回好成績だったテストを予告されたグループの落ち幅は、そうでなかったグループよりさらに大きく、結果的に両者の成績が逆転してしまっていたのです。彼らにはテストのための勉強であって、本当の意味での学ぶ学習にはなっていなかったのです。テストにより、思考の視野が狭くなってしまっていたのです。一方、何も予告されなかったグループにとってテストは、自分の理解力を計るフィードバックになっていたと考えられます。

この結果を、小学生を対象にした実験だからといって無視できるでしょうか。社会人である私たちも、学校の成績と同じように評価によって点数をつけ、給料を決定しています。給料のための評価ということを意識せざるを得ません（評価の時期になると急に勤務態度が良くなる社員も?）。であるとすれば、評価をとおして学び、社員を育成することは、テストを予告された子供たちと同じように難しいということになってしまいます。

■評価を人材育成に活かす

評価は通常、賞与や昇給の直前に、年二、三回程度実施されています。給料の決定という要素が強いからです。そもそも、年に二、三回程度でまとめて評価するような方法が本当に正しいのでしょうか。3か月も前の「○○は良かった、○○はダメだった」を言われても、社員は困惑するだけです。

グーグルでは評価と給料との結びつきを避けるために、あえて評価と給料の決定の時期をずらして実施しています。フェイスブックには「リップル」という人事評価制度があり「いいね！」やコメント機能といった社員同士でフィードバックを送るシステムが導入されています。その機能を使って上司からのコーチング、目標についても管理ができます。成2週間に1回は自己評価を行い、マネジャーがそれに対しフィードバックを行います。成績によってはポイントやバッジがもらえたりもします（さすがフェイスブック、遊び心も忘れていません）。ヤフーでは「1 on 1」という上司と部下が毎週30分程度面接する機会を設け、業務の進捗状況や評価面談などを行っています。この面接では、そのとき取り組んだことを振り返りながら、それを今後どう活かしていくか、仕事における経験学習（現場での業務経験を通じて学ぶこと）を高めるよう行っています。

これらの企業の取り組みはすべて、評価を単なる昇給や賞与を決定するためだけのものではなく、人材育成へ活用できるよう行っています。そのため、業績評価と人材育成のためのフィードバックを切り離しているのです。また短いスパンでフィードバックをしていることも人材育成という面では効果的です。それにより、社員も積極的に評価を受け止め、活かそうとします。給料決定のための評価と人材育成のための評価を一緒にしてはいけないのです。

このようなシステムの有無にかかわらず、日ごろから「ありがとう」と声をかけたり、悪いことは「悪い」といい合えるような職場であることはもちろん大切です。しかし、なかなかそういうことが苦手な方もいます。また、日ごろの仕事の場での会話と、一対一で向かい合って話をするのでは、話の内容の濃さが違ってきます。

私もクライアント先には、月に最低1回は10分程度でいいので、きちんと部下と向かい合って面接をする時間をとるよう勧めています（ちなみに私の事務所でも行っています）。点数をつけるといった評価面接ではなく、今月の振り返りと、次月以降の取り組みの確認、またその他仕事上の課題等、上司と話をする場としています。最近始めた取り組みのため、まだその効果については測定できていませんが、コミュニケーションはもちろん、年に1

回の昇給時の業績評価における納得性も高まることが期待できます。ちょっとした根回しみたいなものです。

■評価のときに生じるエラー

ここからは、評価をするうえでよく陥りがちな留意点について、いくつか重要と思われるものをあげてみました。あえて、一般的な人事評価の本には書かれていない内容を紹介しています。私が勝手に命名した用語もあるので、その点はご容赦ください。

(一) 確証バイアス

人を評価するとき、自分がその人に持っている考えや仮説を確証できるように、都合のよい情報を探し、選択し、判断してしまうことを「確証バイアス」といいます。特に採用面接などでは、最初の10秒で判断が下され、後はその最初の印象に合致している情報ばかりを収集し、その他の情報は無視しているという研究結果もあります。

人事評価においていえば、部下に対する自分の考えや思い込みによって、最初から評価は決まっており、後はその評価になるように点数をつけてしまうということです。これを防ぐには、その社員の人物評価から始めるのではなく、いったん離れて、実際の行動や成績を見て評価をすることが肝要です。

㈡　鍵屋効果

こんな経験はないでしょうか。あなたは家の鍵を失くしてしまい鍵屋を呼びました。やって来た鍵屋はまだ新米でしたが、あなたはそのことを知りません。鍵を開けるために様々な道具を駆使しながら、汗だくになり「いやー、なかなか手強い鍵ですね」と言いながらも必死で、およそ30分かけてようやく鍵をあけました。あなたは代金として3万円を支払いました。別のケースでは、鍵屋はこの道30年のベテランで、到着するや早々、ものの3分とかからずにいともたやすく鍵を開けてしまいました。あなたは同じように代金として3万円請求されました。どちらが納得いくでしょうか。ちなみにアメリカでは、ベテランになればなるほど、鍵屋のチップは減ってしまうそうです。このように、なかなかそのスキルや中身が分からない場合、そこにつぎ込んだ労力に対して価値を感じてしまうのです。

人事評価でも、例えば、ある人だけに任されている総務の仕事があるとします。その仕事の評価を判断することは難しいところです。するとこのバイアスが起こり、単に一生懸命努力している人を評価してしまうことがあります。これでは仕事が早く、定時に上がる人はあまり高い評価がされないことになってしまいます。努力や一生懸命取り組んでいる姿勢は評価すべき項目ではありますが、結果についてもきちんと評価しないといけないのです。

(三) 平均以上効果とダニング＝クルーガー効果

「平均以上効果」とは、人は「自分は他の人より特別である、勤勉である、能力がある」と思いがちだということを指します。ある統計では9割の人が自分の知性と能力は上位10％に入っていると回答した結果もあります（みなさんも自分の車の運転は平均以上だと思っていませんか？）。

また似たようなものとして「ダニング＝クルーガー効果」があります。これは、ちょっときつい言い方にはなりますが、能力の低い人は自分のことを正しく評価できません。当然他人のことも正しく評価できません。よって能力が低い人ほど自分のことを過大評価してしまうということをいいます。そのためうぬぼれが強く自己研鑽を怠り、結果的に成績が低くなってしまうのかもしれません。

このようなバイアスにより、評価者としては公正に評価したはずなのに、その評価は不当だと反論されてしまうことがあります。そういった申し出があったとしても、評価者はぶれることのないよう注意する必要があります。

㈣　欠点（ネガティブ）・バイアス

欠点バイアスとは、人は良いことより悪いことや欠点の方に注意が向いてしまうことをいいます。想像してみてください。ネズミがひと口かじったドーナツがあるとします。おそらくあなたは、そのわずかなネズミのかじった箇所に、無意識に注目をしてしまうでしょう。人は進化の過程で生き残るために、危険や脅威、損失といった自分にとってマイナスとなることに素早く注意が向くようにできています。

評価をするときも同じように、良いところよりもむしろ悪いところばかりに目がいってしまうのです。確かに良くない点を改善することは大切ですが、ドラッカーも言っているように、強みに焦点を合わせることも大切です。

㈤　ピーク・エンド効果

経済学者のダニエル・カーネマンは、大腸内視鏡検査において患者が感じる苦痛は、苦痛の絶頂期（ピーク）と検査終了時（エンド）であることを研究から実証しました。人が経験したことのうち記憶しているのは、もっとも印象に残った出来事と、最後の出来事だということです。そしてその経験全体の評価は無視される傾向にあります。このことを「ピーク・エンド効果」といいます。途中で良いことや悪いことがあっても、そうした経験の時間はあまり考慮しないのです。例えば、レストランでフルコースのメニューを注文したとして、それまではそれなりにおいしく食べていたけれど、最後のデザートがあまりおいしくなかったら、そのコース全体の評価を下げてしまうようなことです。楽しい旅行に行っても、後から思い出されるのは、もっとも良かった観光地と最後に寄ったおみやげ屋ぐらいだったりします。

期末に部下を評価をしようとしても、思い出されるのは、もっとも印象に残った出来事と直近のことぐらいではありませんか？　そうならないためにも、日ごろから部下の行動をメモしておくことをお勧めします。もちろん定期的な評価面接は有効です。

㈥　アンカリング効果

「アンカリング効果」とは、最初に提示された数値や価格に影響され、その後の判断にも影響を与えることをいいます。例えば、定価5万円の洋服が3万円に値引きされていれば安く感じ、買ってしまうかもしれません。5万円を基準（アンカー）として判断してしまうからです。でも、そもそもの定価はあってないようなものだったら…？

これがどう人事評価に影響するかというと、社員に自己評価を事前に行わせる場合です。その後上司がその点数を見ると、無意識にその点数に引っ張られてしまうのです。ちなみに、ある模擬裁判では、控訴人からの請求金額が高い場合と低い場合では、まったく同じ内容の事件にもかかわらず、請求額の高低によって判決額が影響されてしまいました。裁判官でさえ影響を受けるのですから、私たちが影響を受けないはずがありません。ただでさえ、部下が高い点数を付けているのに、上司が低い点数を付けるのには気が引けます。

しかし、自己評価をすること自体は、社員の自立性を高めるうえでは大切なことです。そこで私は、点数を付けてもらうのではなく「今期工夫したところ」「今期上手くできなかったこと」などを記述してもらうようにしています。

■働くより楽してお金がもらえた方がいい？

期中は部下を監視し、期末には評価を行い、それをもとにアメとムチで社員を統制する。しかし、そういった類のインセンティブをつかった手法は、かえって生産性を落とすこともあるということを、みなさんはすでにご理解いただけていると思います。ではなぜ、社員を統制しようとする管理制度が今なおあるのでしょう。それは人は生来怠け者で、そもそも仕事が嫌いだから何かしらの管理をしなくてはいけない、そういう前提が少なからずあるからなのではないでしょうか。

　あるテレビ番組では、生活保護費の不正受給について議論がされていました。そこに参加していた一般の女子高生が「働かずに生活保護費がもらえるなら、その方がいいに決まっている」そう言っていました。確かに働かずしてお金がもらえるならその方がよさそうな気がします。しかし本当にそれで幸せなのでしょうか。

「コントラフリーローディング」という言葉をご存知ですか。日本語で「逆たかり行動」といいます。動物心理学者のグレン・ジェンセンが名付けました。

　ラットにレバーを押すと食事が出てくる仕組みを学習させます。ラットのお腹が減ったところで二つの選択肢を与えました。一つはただ皿の上に載せられたエサ、もう一方はレバーを押さなくては出てこないエサ。どちらのエサも同じものです。さてラットはどちらのエサに飛びつくでしょう。普通に考えれば、簡単に食べられるただ皿の上に載せられたエサに飛びつきそうです。しかしラットたちは、わざわざレバーを押さなくてはいけない方のエサを選んだのです。どうやらラットたちは、簡単に手に入るものでは物足りなく感じるようなのです。この傾向は、エサを得るのによっぽど手間のかかるようなことでもなければ、ラット以外の犬やチンパンジーなど他の動物でも同じ結果が得られています。人にも同じ傾向があるそうです。

また神経科学者のキャロライン・ジンクは、人は努力してお金を得た場合と、タダで手に入れた場合では、脳の報酬系回路の反応が違うことを発見しました。努力をして手に入れた場合の方が、脳の報酬系回路が活発に反応したのです。苦労して手に入れたものの方が喜びが大きいということです。

私たちも経験上、何となくこういった気持ちは理解できます。何もせずに、決められたお金がただもらえたとしても、それでは動物園の動物のようです。なかには、定年を迎えていよいよ年金生活なんて思っていたのに、しばらくしたらすっかり老け込んでしまったという話も耳にします。そう考えると、私たちはもともと働くことが結構好きなのではないかと思えます。ところが反面、仕事に意義ややりがいを見出せず、働くことに価値を感じられなくなってしまっている人もいます。

長時間労働を是正しよう、休暇をもっと取得できるようにしよう、というのがここ最近の流れです。それはそれで否定するところではありませんが、その前提は、仕事は苦痛なことで、自分の時間なり労力を犠牲にして生活の糧を得るために仕方なく働いているのだということにあるように思えます。確かに仕事をしていれば辛いときや、しんどいときもあります。しかしそれ以上に楽しいときや、やりがいを感じることもたくさんあります。少なくとも私は、サラリーマンという立場に立っても仕事は楽しいですし、面白いと思っています。しかし、世の中にはやりたくもない仕事を苦労しながらがんばっている人も大勢いて、私は恵まれているだけなのかもしれません。もしそうであるのならなおのこと、仕事にやりがいや生きがいを感じられるような人事制度を企業も社員も一緒につくっていけたら、もう少しだけ楽しい世の中になるのではないでしょうか。仕事に意義を見出せるのではないでしょうか。特に若い人たちに言いたい。仕事も結構楽しいですよ。

あとがき

仕事柄、100社を超える様々な企業に訪問し、多くの経営者やそこで働く社員の方々とお会いしてきました。そのなかには、好業績の会社も数多くありました。しかし一時的ではなく、何十年もの長きに渡り経営を続けている会社は、そう多くありません。そのような永続している会社は一体何が違うのでしょう。それはビジネスモデルが優れているからでも、経営戦略が優れているからでもありません。どんなに優れたビジネスモデルや経営戦略であっても、それらは時と共に陳腐化し、いずれは競争優位の源泉とはならなくなってしまうからです。

そうではなく、永続する会社にある特徴は、強い経営者のリーダーシップと高い志、そしてその会社や経営者を慕う社員が多くいるということではないかと、最近特に感じます。そういった会社は、経営危機に直面しても全社一丸となって立ち向かう底力があります。

そうやって長い歴史のなか、何度も危機を乗り越えてきたのです。たとえボーナスが十分に払えなくなったとしても、社員は会社のために尽力します。また会社も業績が悪化したからといって、安易に社員をクビにすることはありません。単なる給料というお金だけではない関係と、達成すべき共通の目標がそこにはあるのです。それがモテる会社なのです。

私のクライアント先に、３００年以上もの歴史がある日本でも有数のある企業があります。その会社は鋳物の製造業で、一般的には３Ｋといわれる職種です。社員の人たちは、鋳物から出る煤（スス）でいつも顔が真っ黒です。現場の役員の顔も真っ黒です。役員は現場からのたたき上げが多く、口より先に手が出るようなタイプです。しかし社員と一緒に食事をし、仕事が終われば煤を流すために同じ風呂に入り、出張にいってもエコノミークラスで同じホテルに泊まります。もちろん出張手当も同額です。何度も倒産の危機を経験しましたが、その度に社員と共に乗り越えてきました。

たたき上げの役員は、頑固で口も悪いです。しかし、社員はそんな役員を父親のように慕い、役員もまた父親のように接します。給料だけではない絆がそこにはあるのです。その会社には、ひょっとするとややこしい人事制度は必要ないのかもしれません。

本書も、そんな優れた会社やその経営者の方々から多大な影響を受けました。そのような会社が行っている人事制度もおおいに参考とさせていただきました。こんな私に様々な助言をくださった企業の皆様に、この場を借りて感謝申し上げます。

最後に、並々ならぬ忍耐と親身なアドバイスをいただいた税務経理協会の峯村英治氏、本書を書きたいという私の無謀な挑戦にも快諾してくれた未来経営グループ代表の飯沼新吾所長に心から感謝の意を表します。

平成二十九年六月十二日

髙山　正

〈参考文献〉

・ダニエル・ピンク著、大前研一訳「モチベーション3・0　持続する『やる気!』をいかに引き出すか」講談社　二〇一〇年
・エドワード・L・デシ、リチャード・フラスト著、桜井茂男訳「人を伸ばす力ー内発と自律のすすめ」新曜社　一九九九年
・スティーヴン・レヴィット、スティーヴン・ダブナー著、櫻井祐子訳「0ベース思考ーどんな難問もシンプルに解決できる」ダイヤモンド社　二〇一五年
・ダン・アリエリー著、櫻井祐子訳「不合理だからすべてがうまくいくー行動経済学で『人を動かす』」早川書房　二〇一〇年
・DIAMOND　ハーバード・ビジネス・レビュー編集部著「【新版】動機づける力ーモチベーションの理論と実践（Harvard Business Review Anthology）」ダイヤモンド社　二〇〇九年
・ケリー・マクゴニガル著、神崎朗子訳「スタンフォードの自分を変える教室」大和書房　二〇一二年
・ベン・パー著、小林弘人解説、依田卓巳、依田光江、茂木靖枝訳「アテンションー『注目』で人を動かす7つの新戦略」飛鳥新社　二〇一六年
・桑原晃弥著「スティーブ・ジョブズ名語録」ＰＨＰ研究所　二〇一〇年

・ウリ・ニーズィー、ジョン・A・リスト著、望月衛訳「その問題、経済学で解決できます。」東洋経済新報社　二〇一四年
・ダニエル・カーネマン著、村井章子訳「ファスト&スロー―あなたの意思はどのように決まるか?」早川書房　二〇一二年
・シーナ・アイエンガー著、櫻井祐子訳「選択の科学」文藝春秋　二〇一〇年
・友野典男著「行動経済学　経済は『感情』で動いている」光文社新書　二〇〇六年
・ジャック・ウェルチ、スージー・ウェルチ著、斎藤聖美訳「ウィニング―勝利の経営」日本経済新聞社　二〇〇五年
・イアン・エアーズ著、山形浩生訳「ヤル気の科学―行動経済学が教える成功の秘訣」文藝春秋　二〇一二年
・ダン・アリエリー著、熊谷淳子訳「予想どおりに不合理―行動経済学が明かす『あなたがそれを選ぶわけ』」早川書房　二〇〇八年
・ラズロ・ボック著、鬼澤忍／矢羽野薫訳「ワーク・ルールズ！―君の生き方とリーダーシップを変える」東洋経済新報社　二〇一五年
・松丘啓司著「人事評価はもういらない―成果主義人事の限界」ファーストプレス　二〇一六年
・リチャード・セイラー著、遠藤真美訳「行動経済学の逆襲」早川書房　二〇一六年
・ピーター・ドラッカー著、上田惇生訳「ネクスト・ソサエティ」ダイヤモンド社　二〇〇二年

・ピアーズ・スティール著、池村千秋訳「ヒトはなぜ先延ばしをしてしまうのか」ＣＣＣメディアハウス　二〇一二年
・堀田秀吾著「科学的に元気になる方法集めました」文響社　二〇一七年
・杉山尚子著「行動分析学入門－ヒトの行動の思いがけない理由」集英社　二〇〇五年
・舞田竜宣、杉山尚子著「行動分析学マネジメント－人と組織を変える方法論」日本経済新聞出版社　二〇〇八年
・ハロルド・ジェニーン著、アルヴィン・モスコー編、田中融二訳「プロフェッショナルマネジャー－58四半期連続増益の男」プレジデント社　二〇〇四年
・ガブリエル・エッティンゲン著、大田直子訳「成功するにはポジティブ思考を捨てなさい－願望を実行計画に変えるＷＯＯＰの法則」講談社　二〇一五年
・萩原一平著「ビジネスに活かす脳科学」日本経済新聞出版社　二〇一五年
・ピーター・ドラッカー著、上田惇生訳「ドラッカー名著集－現代の経営」ダイヤモンド社　二〇〇六年
・ピーター・ドラッカー著、上田惇生訳「ドラッカー名著集－マネジメント」ダイヤモンド社　二〇〇八年
・アダム・グラント著、楠木建訳「ＧＩＶＥ＆ＴＡＫＥ「与える人」こそ成功する時代」三笠書房　二〇一四年

・ダニエル・ピンク著、神田昌典訳「人を動かす、新たな3原則　売らないセールスで、誰もが成功する！」講談社　二〇一三年
・ポール・J・ザック著、柴田裕之訳「経済は『競争』では繁栄しない－信頼ホルモン『オキシトシン』が解き明かす愛と共感の神経経済学」ダイヤモンド社　二〇一三年
・岸見一郎、古賀史健著「嫌われる勇気－己啓発の源流『アドラー』の教え」ダイヤモンド社　二〇一三年
・小倉昌男著「小倉昌男　経営学」日経BP社　一九九九年
・アンジェラ・ダックワース著、神崎朗子訳「やり抜く力　GRIT（グリット）－人生のあらゆる成功を決める『究極の能力』を身につける」ダイヤモンド社　二〇一六年
・サイモン・シネック著、栗木さつき訳「WHYから始めよ！－インスパイア型リーダーはここが違う」日本経済新聞出版社　二〇一二年
・ジョン・ムーア著、花塚恵訳「スターバックスはなぜ値下げもテレビCMもしないのに強いブランドでいられるのか？」ディスカヴァー・トゥエンティワン　二〇一四年
・キャロル・ドゥエック著、今西康子訳「『やればできる！』の研究－能力を開花させるマインドセットの力」草思社　二〇〇八年
・中室牧子著「『学力』の経済学」ディスカヴァー・トゥエンティワン　二〇一五年
・本間浩輔著「ヤフーの1on1－部下を成長させるコミュニケーションの技法」ダイヤモンド社

二〇一七年
・矢野和男著「データの見えざる手－ウエアラブルセンサが明かす人間・組織・社会の法則」草思社　二〇一四年
・入山章栄著「ビジネススクールでは学べない 世界最先端の経営学」日経ＢＰ社　二〇一五年
・ダン・アリエリー著、ＮＨＫ白熱教室制作チーム訳「お金と感情と意思決定の白熱教室：楽しい行動経済学」早川書房　二〇一四年

〔もとになっている参考文献〕

Carl Benedikt Frey and Michael Osborne, " The Future of Employment: How Susceptible are Jobs to Computerisation?" Technological Forecasting and Social Change, Vol.114 (2017), 254-80.

Edward L Deci," Effect of Externally Mediated Rewards on Intrinsic Motivation," Journal of Personality and Social Psychology, Vol.18(1)(1971), 105-115.

Edward L Deci, "Intrinsic Motivation, Extrinsic Reinforcement, and Inequity, " Journal of Personality and Social Psychology, Vol.22(1)(1972), 113-120.

Magnus Johannesson, and Carl Mellström, "Crowding Out in Blood Donation: Was Titmuss Right?" Journal of the European Economic Association, Vol.6, Issue 4 (2008), 845-863.

Dan Ariely, Uri Gneezy, George Loewenstein, and Nisa Mazar, " Large Stakes and Big Mistakes," Review of Economic Studies, Vol.76, Issue 2 (2009), 451-469.

Sam Glucksberg, "The Influence of Strength of Drive on Functional Fixedness and Perceptual Recognition, " Journal of Experimental Psychology, Vol.63(1)(1962), 36-41.

Brian Knutson, Charles M. Adams, Grace W. Fong, and Daniel Hommer "Anticipation of Increasing Monetary Reward Selectively Recruits," The Journal of Neuroscience, Vol.21 (2001), RC159, 1-5.

Andrew Clark, "Are Wages Habit-forming? Evidence from Micro Data," Journal of Economic Behavior & Organization, Vol.39, Issue 2, (1999), 179-200.

Uri Gneezy and Aldo Rustichini, " A Fine is a Prince, " Journal of Legal Studies, 29 (2000).

Daniel Kahneman and Amos Tversky " Prospect Theory: An Analysis of Decision under Risk," Econometrica, Vol.47, No.2. (1979), 263-292.

Martin Seligman and Maier Steven, "Failure to Escape Traumatic Shock," Journal of Experimental Psychology, Vol.74 (1), (1967), 1-9.

Ernst Fehr and Simon Gächter, "Cooperation and Punishment in Public Goods Experiments," The American Economic Review, Vol.90, No.4, (2000) , 980-994.

Stephen Higgins and Gary BadgerAn, "Experimental Comparison of Three Different Schedules of Reinforcement of Drug Abstinence Using Cigarette Smoking as an Exemplar," Journal of Applied Behavior Analysis, Vol.29, Issue 4 (1996), 495-505.

George Loewenstein and Dražen Prelec, "Preferences for Sequences of Outcomes," Psychological Review, Vol.100 (1) (1993), 91-108.

守島基博「今、公正性をどう考えるか：組織内公正性論の視点から」RIETI Discussion Paper Series 08-J-060.

Richard Thaler, "Some Empirical Evidence on Dynamic Inconsistency," Economics Letters, Vol.8,

Issue 3, (1981), 201-207.

Jeffrey Scott," Justifiability and the Motivational Power of Tangible Noncash Incentives," Human Performance, Vol.22, Issue 2 (2009), 143–155.

Colin Camerer, Linda Babcock, George Loewenstein, and Richard Thaler, "Labor Supply of New York City Cabdrivers: One Day at a Time," The Quarterly Journal of Economics, Vol.112 (2), (1997), 407-441.

Dan Arielya, Emir Kamenicab, Dražen Preleca, " V Man's Search for Meaning: The Case of Legos," Journal of Economic Behavior & Organization, Vol.67, Issues 3-4, (2008), 671-677.

Adam Grant and David Hofmann, "It's Not All About Me: Motivating Hand Hygiene Among Health Care Professionals by Focusing on Patients," Psychological Science, 22 (12), (2011) 1494–1499.

Adam Grant, "The Significance of Task Significance: Job Performance Effects, Relational Mechanisms, and Boundary Conditions, " Journal of Applied Psychology, Vol.93, No. 1, (2008), 108-124.

エイミー・レズネスキー、ジャスティン・バーグ、ジェーン・ダットン「DIAMONDハーバード・ビジネス・レビュー」(March, 2011), 58-66.

Roland Fryer, "Financial Incentives and Student Achievement: Evidence from Randomized Trials,"

The Quarterly Journal of Economics, 126（4）（2011）, 1755-1798.

渡邊純一郎、藤田真理奈、矢野和男、金坂秀雄、長谷川智之「コールセンタにおける職場の活発度が生産性に与える影響の定量評価」情報処理学会論文誌 54(4),（2013）1470-1479.

Daniel Wegner, Ralph Erber, and Paula Raymond, "Transactive Memory in Close Relationships," Journal of Personality and Social Psychology, Vol.61（6）,（1991）, 923-929.

Richard Ryan and Wendy Grolnick, "Origins and Pawns in the Classroom: Self-report and Projective Assessments of Individual Differences in Children's Perceptions,V Journal of Personality and Social Psychology, Vol.50（3）,（1986）, 550-558.

Donald Redelmeiera, Joel Katzf, and Daniel Kahnemanj,"Memories of Colonoscopy: a Randomized Trial," Pain, Vol.104, Issues 1-2,（2003）, 187-194.

Glen Jensen, "Preference for Bar Pressing Over "Freeloading" as a Function of Number of Rewarded Presses," Journal of Experimental Psychology, Vol.65（5）,（1963）, 451-454.

Caroline Zink, Giuseppe Pagnoni, Megan Martin-Skurski, Jonathan Chappelow, and Gregory Berns" Human Striatal Responses to Monetary Reward Depend On Saliency," Neuron, Vol.42, Issue 3,（2004）, 509-517.

著者紹介

高山　　正（たかやま　ただし）

税理士・社会保険労務士法人未来経営　人事戦略コンサルタント

昭和50年生まれ，長野県出身。平成18年に現在の事務所に入社し，会計税務と労務管理に従事。平成23年より社会保険労務士法人の代表も務める。賃金制度，人事制度導入支援等を中心に，企業のコンサルティング業務を行っている。現場に即した制度づくりと，社員のモチベーションアップ，生産性向上を中心としたコンサルティングには定評がある。また企業研修も数多くこなす。保有資格に産業カウンセラー，中小企業診断士，特定社会保険労務士。

著者ホームページ（お問い合わせはこちら）
社会保険労務士法人未来経営
http://www.mirai-sr.net

著者との契約により検印省略

平成29年9月1日　初版第1刷発行

給料で社員は口説けない！
モテる会社の人事のしくみ

著　　者　高山　　正
発 行 者　大坪克行
印 刷 所　税経印刷株式会社
製 本 所　株式会社　三森製本所

発行所　〒161-0033 東京都新宿区
下落合2丁目5番13号　株式会社 税務経理協会
振　替 00190-2-187408　電話 (03)3953-3301（編集部）
FAX (03)3565-3391　(03)3953-3325（営業部）
URL http://www.zeikei.co.jp/

乱丁・落丁の場合は，お取替えいたします。

ISBN978-4-419-06478-5 C3034

世界のトップが絶賛した
大事なことだけシンプルに伝える技術

1分で話せ

ヤフー株式会社 Yahoo!アカデミア学長
グロービス経営大学院 客員教授
伊藤羊一
Yoichi Ito